구원받은
개차반들에게

이신칭의, 엘샤다이 코람데오

구원받은 개차반들에게

초판 1쇄 인쇄 | 2025년 01월 31일
지은이 | 김진표
펴낸이 | 이재욱(필명:이승훈)
펴낸곳 | 해드림출판사
주 소 | 서울 영등포구 경인로82길 3-4(문래동1가 39)
　　　 센터플러스빌딩 1004호(07371)
전 화 | 02-2612-5552
팩 스 | 02-2688-5568
E-mail | jlee5059@hanmail.net

등록번호 제2013-000076
등록일자 2008년 9월 29일

ISBN 979-11-5634-619-7

구원받은 **개**차반들에게

김진표

해드림출판사

시작하며…

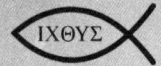

하나님의 은혜로 아브라함을 만나게 된 것은 내게 큰 복이 되었습니다. 이로 인하여 이신칭의(以信稱義)를 또 한 번 바라보게 되었습니다. 아브라함을 대하면서 나는 "나" 자신을 보게 되었습니다. 아브라함을 "믿음의 조상"이라고 거창하게 올려놓고 시작하면 모든 것이 무거운 짐일 수밖에 없었습니다.

그러나 아브라함이 무슨 대단한 사람이라서 하나님의 선택을 받은 것이 아니고, 그도 어쩔 수 없는 불가능하고 무기력한 인간이었다는 것입니다. 한마디로 개차반이었습니다. 그래서 하나님은 그를 믿음의 모델로 세워놓은 것입니다. 나는 거기에서 희망을 얻었습니다. "그렇구나,

아브라함도 창세기 1장부터 11장까지 존재하는 수많은 개차반들과 별반 다르지 않구나"라는 것이었습니다. "그렇다면 나도 그 개차반 중의 하나이고, 아브라함이라는 자와 같은 삶을 살며 은혜로 지어져 가겠구나"라는 가능성을 발견한 것입니다. 이 가능성을 발견하고는 아브라함에 대하여 알아가기 시작하였습니다. 그 가능성은 하나님의 계획이었고, 이미 이루어진 것이었습니다.

  이 책은 아브라함을 알아가기 시작하며 매주 강해를 한 내용 중 하나입니다. 약 이년 반 동안 아브라함과 희노애락(喜怒哀樂)을 함께 하면서 나의 믿음이 조금은 성숙해짐을 발견했습니다. 그러면서 "나도 완전한 죄인 중의 괴

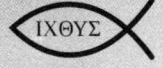

수"라는 것을 실감했습니다. "예, 저도 구원받은 개차반"입니다. 이 고백은 나로 하여금 하나님의 백성인 성도로 지어져 가도록 하였고, 이제 시작이고 매일 매일이 시작이지만 하나님의 은혜로 성도로서 지어져 가는 삶을 살아 내어 모리아 산의 아브라함으로 완성될 것을 확신했습니다.

  이 글을 읽는 모든 성도들이 하나님의 은혜를 체험하여, 자신도 "죄인 중의 괴수"임을 고백하는 자리, 즉 "나도 구원받은 개차반입니다."라는 "자기 부인"의 자리에 서기를 원하고, 아브라함처럼 모리아 산의 고백을 하는 자로 지어져 가기를 소망하며, 혹 믿지 않는 자가 이 글을 읽는다면 예수 그리스도와의 만남이 있기를 원합니다.

이 글이 나오게 된 것은 믿음의 선진들과 선배 목사님, 그리고 동역자들과 먼저 가신 수많은 순교자들 덕분이기에 감사를 드리며, 특별히 고인이 되신 멘토 목사님께서 전하신 복음을 누군가는 전해야 하기에, 죽기 전에 지면을 통해 복음을 전해야겠다는 절박함으로 제가 펜을 들게 되었음에 감사합니다. 이 책을 믿음의 선진들과 멘토 목사님께 바칩니다. 아울러 이 책의 출판을 도와주신 모든 분께 진심으로 감사드립니다.

2025. 1. 1.

차례

시작하며⋯　4

이신칭의(以信稱義)

은혜인가? 행위인가?	12
사랑하라, 그리고 네 멋대로 살아라	18
죄의 본질	29
기독교의 "케리그마"와 믿음의 발휘	37
구원받은 자의 삶과 소확행(小確幸)	48
알미니언주의	55
인간의 실존-똥 더미	58
Amor fati(아모르 파티)	63
성도들의 방패와 상급	68
미래의 영적 전쟁	78
상급을 향하여	85
상급을 받기 위하여	92

엘샤다이 코람데오

인간도 할 수 있다고?	100
신앙생활과 자기부인	109
인간의 죄악이란?	117
완전하라	127
하나님을 목적으로 집중 "디오코" 하라	132
구원과 행함	144
이름을 바꾸어 주심	150
개차반 성도	161
마음의 할례를 받으라	166
진짜 언약의 자손	176
개보다도 못한…	184
언약의 목적지	192

ΙΧΘΥΣ 익투스

헬라어(그리스어)로 '물고기'라는 명사(名詞)인데 이 익투스의 뜻은
'예수 그리스도는 하나님의 아들 구세주'라는 각 철자(綴字)의 첫 자를 따서 만든 조합 문자입니다.

Ιησους(예수스=예수),
Χριστος(크리스토스= 그리스도),
Θεου(테우=하나님의),
Υιος(휘오스=아들)
Σωτηρ(소테르=구세주)의 첫 머리글자만을 모으면
바로 '익투스(ΙΧΘΥΣ)'라는 단어(單語)가 됩니다.

이신칭의(以信稱義)

창 15:1-6

1. 이 후에 여호와의 말씀이 환상 중에 아브람에게 임하여 이르시되 아브람아 두려워하지 말라 나는 네 방패요 너의 지극히 큰 상급이니라 2. 아브람이 이르되 주 여호와여 무엇을 내게 주시려 하나이까 나는 자식이 없사오니 나의 상속자는 이 다메섹 사람 엘리에셀이니이다 3. 아브람이 또 이르되 주께서 내게 씨를 주지 아니하셨으니 내 집에서 길린 자가 내 상속자가 될 것이니이다 4. 여호와의 말씀이 그에게 임하여 이르시되 그 사람이 네 상속자가 아니라 네 몸에서 날 자가 네 상속자가 되리라 하시고 5. 그를 이끌고 밖으로 나가 이르시되 하늘을 우러러 뭇별을 셀 수 있나 보라 또 그에게 이르시되 네 자손이 이와 같으리라 6. 아브람이 여호와를 믿으니 여호와께서 이를 그의 의로 여기시고

은혜인가? 행위인가?

 성경은 참으로 두꺼운 책입니다. 성경은 총 66권으로 구약은 39권 신약은 27권입니다. 그리고 총 장수는 1,189장이고, 총 절수는 31,102절입니다. 그러면 이렇게 방대한 성경의 대주제가 무엇일까요? 그것은 "하나님 나라의 완성"입니다. 성경은 하나님 나라의 완성이라는 대 주제를 전제로 소주제들이 기술되어 있는데 "예수 그리스도의 십자가와 하나님의 은혜, 하나님의 사랑, 하나님의 주권, 믿음과 의"라는 소주제들로 나누어 기술합니다. 이러한 소주제들을 우리가 공부함으로 하나님은 누구신지, 예수 그리스도는 누구신지, 구원은 무엇인지 등 수많은 성경 속의 비밀을 알게 되는 것입니다. 성경의 소주제 중에 가장 중요하다고 하는 "믿음"이라는 단어는 우리가 보는 본문에 처음 등장하는 것을 볼 수 있습니다. 본문 6절입니다.

창 15:6
6. 아브람이 여호와를 믿으니 여호와께서 이를 그의 의로 여기시고

이렇게 성경의 앞부분에 기술된 믿음이라는 단어를 기록한 6절은 성경에서 아주 중요한 기독교 핵심 도그마를 함유하고 있는 구절입니다.

우리가 "믿음" 하면 그저 "믿습니다. 믿습니다." 하며 무엇인가를 얻어내기 위한 수단과 무엇인가를 이루어 내고 싶은 염원을 담아 그 믿음을 사용합니다. 하지만 사실 믿음이라는 것은 하나님 나라 백성들의 탄생에 근거가 되는 유일한 단어인 것입니다. 이 믿음으로 인하여 성도들에게 주어지는 "의(義)" 또한 기독교 핵심교리 중의 교리입니다. 우리가 많이 들어온 "이신칭의(以信稱義)"라는 말은 신학적으로 "믿음으로 말미암아 이르게 되는 의"를 가

리키는 한자어 표현입니다. 우리가 교리의 보고라고 하는 로마서의 주제가 이신칭의이고, 마틴 루터를 포함한 많은 개혁자들이 로마서 1장을 보면서 "이신칭의 교리"를 정확하게 이해하게 되었고 아울러 자신의 구원을 확신할 수 있게 되었다는 이야기는 우리가 잘 아는 바입니다.

롬 1:17
17. 복음에는 하나님의 의가 나타나서 믿음으로 믿음에 이르게 하나니 기록된 바 오직 의인은 믿음으로 말미암아 살리라 함과 같으니라

이 구절은 우리가 말씀이 모두 귀하다, 귀하다 하지만, 참으로 귀한 구절입니다. 이 로마서 1장 17절은 마틴 루터를 회심으로 이끈 구절입니다. 이 구절이야말로 '의인은 믿음으로 살리라'는 이신칭의를 너무도 확실하게 보여주는 것을 알 수 있습니다. 사실 아브라함의 생애 전체가 이신칭의의 삶이고, 그 삶이 오늘 본문에 "믿음과 의"라는 단어로 표현되어 그림으로 보여주고 있습니다. 이신칭의를 기록한 성경구절을 하나 더 찾아보면 로마서 4장 2절입니다.

롬 4:2-5

2. 만일 아브라함이 행위로써 의롭다 하심을 받았으면 자랑할 것이 있으려니와 하나님 앞에서는 없느니라 3. 성경이 무엇을 말하느냐 아브라함이 하나님을 믿으매 그것이 그에게 의로 여겨진 바 되었느니라 4. 일하는 자에게는 그 삯이 은혜로 여겨지지 아니하고 보수로 여겨지거니와 5. 일을 아니할지라도 경건하지 아니한 자를 의롭다 하시는 이를 믿는 자에게는 그의 믿음을 의로 여기시나니

이 구절은 아브라함이 의인이 된 사실을 말씀하면서 그가 무엇으로 그렇게 되었는지를 구체적으로 설명하는데 그가 행위로 인해 구원을 얻은 것이 아니고 "오직 믿음"으로 말미암아 의인이 되었다는 것을 말씀합니다. 즉 "이신칭의"라는 말씀입니다. 그래서 기독교는 "믿음과 의"라는 단어를 어떻게 이해하고 정의하느냐에 따라 여러 갈래의 교단과 이단이 존재하게 됩니다.

여러분, 어떤 사람이 천국에 들어갈 수 있습니까? 거룩하신 하나님의 마음에 흡족한 자들만 합격하고 천국에 갈 수 있습니다. 그런데 인간은 사탄의 계략으로 그 천

국에로의 길을 벗어났습니다. 그럼에도 불구하고 하나님의 크신 사랑으로 창세전에 택하신 하나님의 백성들을 천국으로 데리고 가시려는 하나님의 지혜인 예수 그리스도가 이 땅에 내려왔고 십자가에서 우리의 구원을 이루셨습니다. 하나님의 공의와 크신 사랑을 충족시킬 수 있는 것은 오직 십자가뿐인 것입니다. 예수 그리스도께서 십자가를 지심으로 말미암아 우리가 못 박혀 죽어야 할 죄를 도말 하셨고, 예수 그리스도가 사신 십자가의 역사가 우리에게 전가되어 우리는 거룩한 자가 된 것입니다. 이것을 "Union Christ! 그리스도와 연합"이라고 하는 것입니다.

이 그리스도와의 연합으로 우리 안에 그리스도가 사시게 되었고 우리는 그의 거룩을 전가 받아 거룩한 자로 여김을 받은 것입니다. 이로 말미암아 우리는 우리가 과거에 지은 죄와 현재 짓고 있는 죄, 그리고 미래에 지을 죄까지 모두 예수 그리스도가 지신 십자가로 말미암아 용서받고 죄 없는 자가 된 것입니다. 즉 우리는 거룩하고 흠이 없는 자가 된 것이고, 거룩하신 하나님 앞에 설수 있게 되었고, 서게 된 것입니다. 우리는 완벽하게 거룩한 자가 된 것입니다. 무엇하나 흠을 찾아볼 수가 없습니다. 내면과 외양이 깨끗하게 된 것입니다. 안과 밖이 깨끗한 자로 여김을 받은 것입니다. 이것이 복음입니다. 그 어떤 노력이나 행위 때문이 아니라 오직 예수 그리스도의 십자가로 말미암은 구원의 사건입니다. 이것이 바로 하나님의 은혜입니다.

엡 2:8-9
8. 너희는 그 은혜에 의하여 믿음으로 말미암아 구원을 받았으니 이것은 너희에게서 난 것이 아니요 하나님의 선물이라 9. 행위에서 난 것이 아니니 이는 누구든지 자랑하지 못하게 함이라

롬 11:5-6
5. 그런즉 이와 같이 지금도 은혜로 택하심을 따라 남은 자가 있느니라 6. 만일 은혜로 된 것이면 행위로 말미암지 않음이니 그렇지 않으면 은혜가 은혜 되지 못하느니라

우리의 구원은 행위로는 도저히 안 된다는 말씀입니다.

사랑하라, 그리고 네 멋대로 살아라

 그러면 우리가 그렇게 자유롭게 되었다면 이제 우리는 우리의 행위로 구원을 받는 문제와 아무 상관이 없는 것입니다. 그렇다면 제멋대로 살아도 되는 것입니까? 저는 단호하게 "예!"라고 대답할 수 있습니다. "사랑하라, 그리고 네 멋대로 하라"라고 어거스틴은 힘주어 말했습니다. 구원받은 자는 논리적으로 아무렇게나 살아도 상관없습니다. 이것은 제가 방종하라고 하는 말이 아닙니다. 우리에게 일어난 구원의 역사가 얼마나 엄청난 것인지를 말하고 있는 것입니다. 우리는 하나님의 심판을 전혀 받지 않습니다. 이미 십자가의 능력으로 구원받았기 때문입니다.

갈 2:20

20. 내가 그리스도와 함께 십자가에 못 박혔나니 그런즉 이제는 내가 사는 것이 아니요 오직 내 안에 그리스도께서 사시는 것이라 이제 내가 육체 가운데 사는 것은 나를 사랑하사 나를 위하여 자기 자신을 버리신 하나님의 아들을 믿는 믿음 안에서 사는 것이라

사 43:25

25. 나 곧 나는 나를 위하여 네 허물을 도말하는 자니 네 죄를 기억하지 아니하리라

사 44:22

22. 내가 네 허물을 빽빽한 구름 같이, 네 죄를 안개 같이 없이하였으니 너는 내게로 돌아오라 내가 너를 구속하였음이니라

그러나 제가 말씀드린 복음을 이해하고 하나님의 은혜와 사랑을 알게 된 사람은 그렇게 제멋대로 살지 못합니다. 우리가 진짜 성도라면 그 구원의 감격에서 터져 나오는 감사와 사랑의 열정 때문에 그렇게 할 수가 없는 것입니다. 하나님은 당신의 자녀들을 그렇게 마음대로 아무렇

게나 개차반처럼 살도록 놓아두시지 않습니다.

롬 7:4-6

4. 그러므로 내 형제들아 너희도 그리스도의 몸으로 말미암아 율법에 대하여 죽임을 당하였으니 이는 다른 이 곧 죽은 자 가운데서 살아나신 이에게 가서 우리가 하나님을 위하여 열매를 맺게 하려 함이라 5. 우리가 육신에 있을 때에는 율법으로 말미암는 죄의 정욕이 우리 지체 중에 역사하여 우리로 사망을 위하여 열매를 맺게 하였더니 6. 이제는 우리가 얽매였던 것에 대하여 죽었으므로 율법에서 벗어났으니 이러므로 우리가 영의 새로운 것으로 섬길 것이요 율법 조문의 묵은 것으로 아니할지니라

우리가 구원받기 전에는 율법이 우리를 정죄함으로 우리의 죄의 결과가 존재하게 되었습니다. 그러나 우리는 이제 율법에 대하여 죽은 것입니다. 그렇기 때문에 우리는 그 어떤 일을 저지르고 죄를 지었다 해도 정죄를 받지 않습니다. 우리가 짓는 죄 중에 하나님께서 진짜 미워하는 행위를 했거나 죄를 지었더라도 하나님께서 우리를 정죄하고 벌하지 않는다는 것입니다. 이렇게 우리는 완전한

구원을 받았습니다.

그렇다면 목숨을 걸고 선교하다가 순교한 사람과 마음을 다해 헌신하는 삶을 사는 것은 무엇이고, 자기를 부인하라고 말씀하시는 것은 무엇인가라는 것입니다. 성경을 보면 수많은 구절에서 거룩을 지향하라고 하며 구원받았더라도 구원받은 자들은 무엇인가 해야 한다고 말씀하는 구절이 많이 있는데 이것은 모순 아닙니까? 우리가 말씀을 읽다보면 은혜로 구원을 받은 것이라 하면서도 거룩을 향하여 나아가라고 강력하게 요구합니다.

벧전 1:15-16
15. 오직 너희를 부르신 거룩한 이처럼 너희도 모든 행실에 거룩한 자가 되라 16. 기록되었으되 내가 거룩하니 너희도 거룩할지어다 하셨느니라

히 12:4
4. 너희가 죄와 싸우되 아직 피흘리기까지는 대항하지 아니하고

벧후 3:14

14. 그러므로 사랑하는 자들아 너희가 이것을 바라보나니 주 앞에서 점도 없고 흠도 없이 평강 가운데서 나타나기를 힘쓰라

이렇게 성경은 우리에게 거룩을 향하여 경주해야 함을 요구하고 있습니다. 그렇다면 하나님께서 은혜로 구원하여 주셨으니 하나님께서 다 해주셔야 하는 것 아닙니까? 그런데 우리가 해야 할 부분이 있고 성경은 그것을 요구하고 있다는 것입니다. 모순 중의 모순 아닙니까? 이렇게 성경은 "은혜와 순종"을 같은 자리에 놓고 우리에게 말씀합니다. 말씀드렸다시피 은혜로 구원받은 사람은 그 은혜가 무엇인지를 깨닫게 되고 그 사람은 그 은혜에 감격하여 은혜를 베푸신 분을 찬양하며 존경하고 사랑하게 되며 그분의 뜻을 따라 행동한다는 것이 성경이 말씀하는 바입니다.

은혜를 베푸신 분이 요구하니까, 할 수 없이 받은 것이 있으니까 그런 행동이 나오는 것이 아니라 그 은혜에 감사해서 자연스럽게 나오는 행동으로 은혜를 받은 사람은

거룩을 향해 나아가기 시작하는 것입니다. 그 자연스러움은 당연한 것이어서 거룩을 향한 달음질이 나오지 않을 때는 우리가 잘못 믿고 있지나 않은지 돌아보라는 의미로 성경은 우리에게 "하라"의 명령을 하는 것입니다.

요 14:15
15. 너희가 나를 사랑하면 나의 계명을 지키리라

요일 3:3
3. 주를 향하여 이 소망을 가진 자마다 그의 깨끗하심과 같이 자기를 깨끗하게 하느니라

하나님께서 우리를 구원에 대한 대가를 요구하시며 구원을 한 것이 아니고 하나님께서 은혜로 구원해주셨기 때문에 복종과 순종이 우리에게서 자연스럽게 흘러나오게 된다는 말씀입니다. 이것은 은혜받은 자로서 그 은혜가 존재하기에 하나님의 뜻에 복종하는 자연스러움을 내어놓는다는 뜻입니다. 이것을 "새로운 본성"이라고 합니다. 그래서 성도는 이전과 전혀 다른 새로운 본성이 생겼고

그 새로운 본성을 따라 움직이게 되어있는 것입니다.

　이렇게 은혜로 구원받은 성도는 하나님의 성품과 인격을 소유하게 되고 그것으로 말미암아 하나님께서 기뻐하시는 일을 기뻐하고, 하나님께서 싫어하시는 일을 미워하며, 자신의 실패에 가슴 아파하며, 거룩을 향하여 한발 한발 나아가기 시작하는 것입니다. 그런데 놀라운 사실은 거룩을 향한 발걸음, 즉 성화의 과정도 하나님께서 은혜로 이끄신다는 사실입니다.

　딛 2:11-13
　11. 모든 사람에게 구원을 주시는 하나님의 은혜가 나타나 12. 우리를 양육하시되 경건하지 않은 것과 이 세상 정욕을 다 버리고 신중함과 의로움과 경건함으로 이 세상에 살고 13. 복스러운 소망과 우리의 크신 하나님 구주 예수 그리스도의 영광이 나타나심을 기다리게 하셨으니

　참으로 우리의 행위가 부질없음은 우리를 향한 하나님의 은혜는 우리의 구원의 여정 동안 계속된다는 것입니다. 우리의 삶 전체를 하나님께서 은혜로 이끄신다는 것

입니다. 이렇게 이끄심에 감사함으로 나타나는 자발적 행동과 우리가 그 은혜에 감사해서 자기 행위를 내어놓아 하나님께 뭔가 해 드려야 한다는 발상으로 나온 행위를 잘 분별해야 합니다.

교회에서 보면 자신이 신앙생활하는 동안 교회에서 일한 업적을 내놓는 사람들이 많이 있습니다. 자신은 구원받고 은혜로 삶을 살면서 감사함으로 이런 일 저런 일을 했다고 하며, 하나님을 사랑하기에 그 일을 해냈다고 자랑하며 더욱더 노력하는 사람들을 봅니다. 구원받은 것은 은혜로 받았고 하나님께서 자신을 사랑하시기에 하나님의 사랑을 더 받기 위하여 많은 일을 한다는 사람도 있습니다. 그렇게 일을 하다가도 열심이 사그라지면 하나님께서 자신을 버리실지도 모른다는 조바심을 가지고 하기 싫은 일을 억지로 하게 되는 사람들이 있다는 것입니다. 그러한 삶을 살다가 실수를 하고 죄를 지으면 이 실수나 죄 때문에 하나님께서 나를 저주하시거나 사랑하시지 않을 거라는 걱정도 하게 됩니다.

그러나 하나님께서는 그 크신 사랑으로 우리를 언제나 사랑하신다는 것입니다. 우리의 행위와 우리가 내어놓은 어떤 것을 보시고 우리를 구원하신 것이 아니라 우리의 모습 그대로를 사랑하십니다. 우리의 행위를 근거로 우리를 구원하셨다면 그것은 "대가"로 구원을 해주시는 것입니다. 그것은 은혜가 아닙니다. 하나님은 우리의 행위를 눈곱만큼도 요구하시지 않으십니다. 우리가 그 어떤 어마어마한 행위를 내어놓는다고 해도 우리는 하나님의 은혜를 갚을 수 없습니다. 은혜에 보답하며 갚을 생각을 하고 있다면 하나님은 우리의 구원을 차용하신 것이기 때문입니다. 설사 갚을 수 있다 해도 갚을 수 있는 것은 은혜가 아닙니다.

우리는 그 무엇으로도 하나님의 은혜와 사랑에 보답할 수가 없습니다. 우리는 죄인이기 때문에 우리 안에는 하나님을 기쁘게 할 만한 것이 존재하지 않습니다. 그 더러운 죄인이 어찌 거룩이신 하나님의 기쁨이 될 수 있겠습니까? 죄인인 우리가 하나님의 은혜로 말미암아 구원을 받고, 구원에 보답하겠다고 열심히 노력을 경주한다고 해도 그 보답이라는 것은 은혜를 더럽히는 죄일 뿐입니다. 우리의 구원은 오직 은혜로만 얻는 것입니다.

예수 그리스도의 십자가 이외에 행위를 강요하는 것은 복음이 아닙니다. 마음에도 없는 일을 하며 행위를 해야만 구원을 받으니 어쩔 수 없이 해야 한다면 그것은 Good News가 아니고 Bad News입니다. 행위를 해야 한다면 얼마나 어디까지 해야 합니까?

복음은 예수 그리스도에 관한 것이며 하나님의 은혜에 관한 것뿐입니다. 그래서 우리는 "예수 그리스도는 누구신가? 우리는 누구인가? 예수 그리스도께서 우리를 위해 행하신 놀라운 일이 무엇인가? 그리고 그 일로 인하여 우리는 어떠한 신분으로 변화되었으며 무엇을 상속받게 되었는가?"에 대한 질문과 그 답을 아는 것이 복음입니다. 그 은혜의 복음이 사람을 바꾸고 세상을 바꾸는 것입니다. 하나님의 사랑과 은혜로 말미암아 자기에게 부어진 은혜와 사랑이 너무나 벅차고 감격스러워 그 은혜와 사랑을 베푸신 분을 위해 무엇인가 하고 싶은 것을 성경은 '소원을 두고 행하게 하신다'고 말씀합니다.

빌 2:13
13. 너희 안에서 행하시는 이는 하나님이시니 자기의 기쁘신 뜻을 위하여 너희에게 소원을 두고 행하게 하시나니

아직도 어설픈 행위를 해야 한다고 생각하십니까? 그러한 생각을 한다면 그는 믿음으로 의롭게 된 그리스도인이 아닙니다.

죄의 본질

성도에게 있어서 믿음이라는 것은 목숨을 걸 만큼 중요하다는 인식을 해야 합니다. 왜냐하면, 죄인은 그가 지은 죄를 은혜로 말미암아 사함받고 죄 없는 자가 되며, 믿음에 의해서만 의롭게 되기 때문입니다.

본문에 나오는 인물인 아브라함을 성경은 "믿음의 조상"이라고 합니다. 그렇기 때문에 본문 6절에 "믿음"이라는 단어가 등장하고 있는 것입니다. 당연히 그래야 합니다. 믿음의 조상이라고 하니까요. 그러면 믿음의 조상은 어떤 일을 해야 합니까? "믿음이라는 것"을 그의 후손들에게 내놓는 일을 해야 하는 사람입니다. 그리고 그 믿음이 무엇인지 삶으로 보여주는 인물이어야 합니다.

그러면 믿음의 정의는 무엇입니까? 이 질문에 대한 답을 무슨 단 답으로 이야기하기에는 어렵습니다. 그것을 알려면 창세부터 오늘 본문까지 이어져 온 역사를 돌아보아야 합니다.

하나님께서 천지 만물을 창조하시고 인간을 창조하심으로 창세기가 시작이 됩니다. 하나님은 창조를 하시면서 인간을 창조하시는데 그 인간을 하나님의 형상과 모양대로 창조하시고 그에게 복을 허락하셨습니다. 이 복은 "하나님의 생명력"인 "바라크"입니다. 착각하면 안 되는 것이, 이 복을 기복적인 것으로 받아들이는 경향이 있습니다. 하나님께서 주신 복은 히브리어 "바라크"입니다. 즉 하나님께서 주시는 생명력입니다. 그 생명력이 부어짐으로 인간은 행복할 수 있었고, 하나님 절대 의존적인 존재가 된 것입니다.

그러한 인간이 하나님을 배반하고 타락하여 죄를 짓고 말았습니다. 말 그대로 죄인이 된 것입니다. 그렇게 지은 인간의 죄가 가시적으로 드러나는 사건이 아담과 하와가 낳은 두 아들이야기인 가인과 아벨의 에피소드입니다. 이 사건은 가인이 자신을 지키고 스스로를 보호하려는 죄의 발로였습니다.

이 죄로 인하여 하나님과 대척점에 서게 된 죄인인 인간은 스스로의 힘을 가지고 자기 자신을 지키며 자신의 행복까지도 챙겨야 하므로 자신 외에 다른 이들은 경쟁자로 존재할 수밖에 없습니다. 가인과 아벨의 사건도 경쟁의식에서 비롯된 비극이었습니다. 하나님의 칭찬을 받은 아벨은 가인의 적이 되어버린 것입니다. 자신보다 잘 나가거나 칭찬을 받은 동생 아벨을 죽인 것은 자신만 주인공이 되어야만 한다는 타락한 인간의 행위입니다. 이것이 "죄의 본질"인 것입니다. 자신을 제외한 이 세상의 모든 인간은 그가 동생일지라도 자기의 행복과 만족을 채우기 위한 경쟁자로 간주하여 죽여 버리는 것입니다. 이것은 가인뿐만 아니라 하나님을 떠난 모든 인간이 가지고 있는 내면의 모습입니다.

　인간은 나만 잘하면 되고, 나만 똑똑하면 되고, 나만 성실하면 된다고 생각했기에 그렇게 살고자 노력을 합니다. 그러다 보니 나 아닌 다른 사람들은 모두 적이 되고 남이 됩니다. 직장에서도, 친구 간에도, 급기야 가정에서도, 거의 남이 되는 것입니다. 그렇게 인생의 바다에 홀로 남는 성(城)이 되는 것이 인생입니다. 쉼 없이 달려 먼저 도착하려고 발버둥 치는 것이 인생입니다. 먼저 도착하면 더 큰 인물이 되고, 더 많이 가질 것 같고, 더 즐거울 것 같은 착각을 하는 것이 인간입니다. 그러한 착각으로 일로 매진하는 것이 인생입니다. 그러다 보니 경쟁 사회에서 남을 밟고 죽이는 삶을 살게 되고 급기야 자기도 죽는 인생을 살게 되는 것입니다.

　그렇게 해봐야 먹고사는 것도 벗어나지 못합니다. 똑똑한 집 한 채를 생각하며 달려가는 것이 인생 아닙니까? 그렇게 죽도록 일하며 달려가면 죽는 것입니다. 퇴직, 실직, 전직, 이직, 실패, 부도, 조기 은퇴, 명예퇴직, 건강 등,

뭐하나 긍정적인 것이 없습니다. 인생이 그러하기에 죄인들의 삶이 피곤한 것입니다. 이러한 인생 속에 그냥 주저앉으면 안 된다는 조바심이 다른 이들을 밟게 되고 등치고, 죽이는 것입니다.

그러나 성도인 우리들은 "새로운 본성"을 받았습니다. 그럼에도 불구하고 그러한 죄에 함몰되어 변화를 주저하고 있는 것이 성도라는 사람들의 현실입니다. 모든 것을 내려놓는다는 것은 생명이 아니라 죽음이라고 생각하기 때문입니다.

아담 이후 모든 인간은 태어나면서부터 다른 이들을 경쟁자로 생각하며 저편에서 외로운 모습으로 외나무다리를 건너기 시작한 상대를 향해, 건너편에서 외나무다리를 의도적으로 또는 무심코 건너기 시작합니다. 이러한 이기적인 모습이 하나님을 떠나 죄인이 된 인간들의 대표적인 특징입니다. 이렇게 자기 자신만을 왕으로 알면서 이 세상 역사의 주인이 되어 자기 이외의 사람들을 통제하고자 하는 것은 하나님의 저주를 부르게 되어있습니다. 스스로의 힘으로 강력한 세상의 힘을 소유하여 네피림, 유명한 자, 영걸, 거인이 되려 하는 인간을 하나님은 너무나 미워하심으로 이 죄악의 결과에 대하여 노아의 홍수라는 하나님의 심판을 받게 되는 것입니다.

노아의 홍수는 하나님의 사랑이었습니다. 그 심판 가운데에서 하나님의 선택을 받은 노아와 일곱 명의 가족을 제외한 모든 인간들이 멸망했습니다. 이것은 하나님의 거룩하신 속성에 합한 의인이 인간 가운데에는 단 한 명도 없다는 사실을 보여주는 것입니다. 그런데 그 홍수 심판에서 노아와 노아의 가족은 하나님의 전적 주권으로 선택받아 구원을 얻게 된 것입니다. 이것은 노아가 대단한 일을 하고 열정적으로 하나님을 믿어서가 아닙니다. 노아도 시집가고, 장가가고, 술 마시고, 노래하고, 죽이고 살리는 자리에 있었습니다. 죄인들이 편만해 있는 그 세상 바벨론 운동장에서 함께 놀고 있었습니다. 그런데 그가 구원을 받았습니다. 노아와 노아의 가족이 구원을 받은 것은 순전한 하나님의 은혜와 사랑이었습니다.

창세기는 계속해서 인간들의 교만을 폭로합니다. 세상의 영걸과 네피림, 그리고 유명한자들을 기술하며 그들이 저지른 바벨탑 에피소드로 인간은 불가능하며, 하나님을 사랑할 수 없으며, 추악한 죄만 짓는 자들이라고 한 번 더 그들의 정체를 폭로합니다. 인간들에게는 하나님은 물론 자신들을 볼 수 있는 눈이 없습니다. 맹인이라는 것입니다. 그러다 보니 하나님을 넘어서서 이 세상을 다스리는 권력을 갖고자 힘을 쓰며 하늘까지 닿는 탑을 쌓으려 욕망을 불태웠던 것입니다.

참으로 놀랍고 흥미로운 것은 그러한 영걸 가운데에는 노아의 후손과 셈의 후손들이 그들과 같은 욕망을 지렛대 삼아 의기투합하였고, 이 시기는 하나님의 사랑과 은혜를 입은 노아와 그의 아들 셈이 하나님을 믿을 것을 권고하고 있을 때였다는 사실입니다. 그러한 인간들의 노력에 하나님은 언어를 흩으시는 답을 내어놓습니다. 이 또한 그들의 죄에 대한 홍수 심판에 이은 하나님의 저주와 심판이었습니다.

성경은 창세기의 전반부 역사에서 추악하고 불가능한 인간들이 사는 세상인 죄의 소굴 바벨론에서 자신의 힘으로 스스로 빠져나와 거룩한 하나님을 흡족하게 하며 하나님 앞에 설 인간이 전혀 없다는 것을 증명하고, 하나님의 은혜로 그 불가능하고 무력한 자들을 부르시려 찾아가셔서 오직 하나님의 주권으로 창세전에 택한 하나님의 백성들을 구원해 내시는 어마어마한 구원이라는 사건이 일어날 것이라는 사실을 보여주십니다. 그 보여주시는 구원의 사건이 바로 우리가 보고 있는 믿음의 조상 아브라함에 대한 에피소드인 것입니다. 이제 아브라함은 무엇인가를 내놓아야 합니다. 그렇지만 그도 죄인이었습니다.

기독교의 "케리그마"와 믿음의 발휘

성경을 보면 창세기 11장까지의 내용은 못 말리는 인간들이 죄를 향해 달리며 죄를 짓는 죄인들에 대한 열거입니다. 그러한 행진 속에 예수 그리스도를 보내시는 구속의 역사가 성경입니다. 그런데 그러한 불가능하고 무능력한 자들을 하나님께서 계획하시고 주도하셔서 구원하시는 하나님 백성 만들기의 시작은 12장의 내용인 아브라함이 갈데아 우르를 떠나는 것으로 시작됩니다. 갈데아 우르는 바벨론의 다른 명칭입니다.

죄인이 된 인간들이 하나님의 거룩하신 속성에 합한 자

가 되어 약속의 땅인 가나안으로 입성하는 놀라운 일은 인간들이 노력하고 무엇인가를 내어놓아 이루어지는 것이 아니고, 오직 하나님의 은혜 가운데 그분께 순종하는 믿음으로 시작하는 것임을 보여주는 것이 아브라함이 갈데아 우르를 떠나는 사건인 것입니다.

히 11:8
8. 믿음으로 아브라함은 부르심을 받았을 때에 순종하여 장래의 유업으로 받을 땅에 나아갈새 갈 바를 알지 못하고 나아갔으며

이렇게 아브라함이 창세기 12장에서 갈데아 우르를 떠나는 사건은 믿음으로 시작되었음을 말씀하고 있습니다. 아브라함이라고 뭐 대단한 사람이라서 선택된 인간이 아니었습니다. 대단히 불가능하고 무기력한 인간의 표본으로 그 죄인들 가운데에서 선택된 것입니다. 우리는 아브라함이라는 개차반을 항상 어마어마한 성경의 인물이라고 생각합니다. 하지만 그도 창세기 1장부터 11장까지의 등장인물들과 별반 다르지 않다는 것을 알고 있어야 합니다. 앞에서 노아도 그랬습니다만, 아브라함도 죄인 중의

괴수였습니다. 그렇기에 아브라함을 "죄인들의 표본"이라 할 수 있습니다. 창세기 11장까지 등장하는 인간들은 하나님을 떠나 돌이킬 수 없는 타락으로 빠진 자들인데 그들 중에 아브라함을 대표로 뽑아 선택하시고 인도하셔서 바벨론을 떠나게 하신 것입니다. 이것은 하나님의 선물입니다. 하나님의 은혜입니다. 그런데 히브리서는 그것을 믿음이라고 표현한 것입니다.

그렇게 믿음은 우리가 착각하는 국어사전적 개념에서 말하는 "믿음을 자기가 쟁취하고 소유하여 그것을 기도로 강하게 만들어 믿음의 능력을 확장시키는 것"이 아니라는 것입니다. 성경의 믿음은 그 어떤 능력도 없는 전혀 불가능한 자의 삶 속에 부어지는 하나님의 사랑과 은혜에서 기인하는 것입니다.

유 1:3
3. 사랑하는 자들아 우리가 일반으로 받은 구원에 관하여 내가 너희에게 편지하려는 생각이 간절하던 차에 성도에게 단번에 주신 믿음의 도를 위하여 힘써 싸우라는 편지로 너희를 권하여야 할 필요를 느꼈노니

믿음이라는 것은 믿는 자들이 하루 이틀 또는 어떤 기간 동안 심화해서 견고하게 만들어 발휘되는 것이 아니라, 하나님의 은혜로 하나님의 백성들에게 단번에 주어져 발휘되는 것입니다.

예전에 저는 목회를 시작하면서 소위 "겉보리 믿음"을 가지고 있었습니다. 그러니까 한마디로 믿음이 없었다는 것입니다. 그런데 세상에서 교회를 크게 짓고 돈을 마음껏 쓰는 목사들을 보면서 목회자의 자녀로 태어난 나도 아버지가 멋진 부흥사였으니 그것을 카피하고 벤치마킹해서 더욱더 훌륭한 목사가 되겠다고 나섰던 것 같습니다. 그 와중에 믿음을 소유하고자 엄청난 노력을 했습니다. 그냥 무조건이었습니다. 당랑거철(螳螂拒轍) 식으로, 즉 돌진해 오는 마차 앞에서 앞발을 들고 서 있는 사마귀의 모습으로 목회를 시작했던 것 같습니다. 저는 그 무모함으로 믿음을 달라고 특별새벽기도를 작정하여 믿음의 경지에 이르고자 했습니다.

또, 어떤 목사님이 주최하는 집회에 참석하기도 하고,

모 목사님이 주최하는 세미나에 참석도 했습니다. 어떤 목사님이 하는 집회에 가서는 목사들이 왜 그렇게 믿음이 없느냐고 소리치고 호통치는 그 목사님께 믿음이 없다고 꾸지람을 듣고, 믿음이 없으면 믿음을 달라고 기도해야 한다는 억지 주장을 받아들여 열정적으로 "믿음을 주시옵소서! 저는 믿습니다!"라고 몇 시간 동안 수천 번을 목이 터지라 외친 적이 있습니다. 그랬더니 제 가슴이 뿌듯해 오면서 진짜 믿음이 생긴 것 같았습니다. 그 집회를 마치고 교회로 복귀했는데 그 믿음이 온데간데없이 사라졌습니다. 제가 교인 한 사람을 놓고 믿음으로 기도하여 지병을 고칠 것이라고 생각하고 그 집회에서 기도하던 열정으로 기도를 해주었는데 그 병은 고쳐지지 않고 그분은 돌아가시고 말았습니다.

또, 모 목사님이 주최하는 세미나에 갔는데 그곳에서는 그냥 말씀에 있는 대로 선포하면 무엇이든지 이루어진다고 배우며 그곳에서 선포를 연습했습니다. 마침 아이들이 어려서 아이들과 같이 그 세미나에 참석했다가 돌아오는 길에 길이 너무나 막혀서 피곤하고 힘이 들었습니다. 그

때 아내가 옆에서 길이 뚫리라고 선포해보라고 했습니다. 그래서 저는 '선포해 볼까'라는 생각을 하고 있었는데 뒤에 타고 있던 아들이 "과연 그게 될까"라고 하는 것이었습니다. 그래서 저는 배운 것도 있겠다 무엇인지는 모르지만, 능력 있는 목소리로 선포하기로 하고 홀리 보이스로 "예수 이름으로 명하노니 길은 뺑 뚫려라"라고 했습니다. 그랬더니 길이 정말 뚫렸습니다. 참 신기했습니다. 그런데 금방 막혔습니다.

이것이 믿음입니까? 사실 알고 보니 워치만 니의 지방교회에서 시작된 "예수 이름으로 선포"라는 것을 그들이 잘못 믿고 말하는 믿음이라는 것이었습니다. 예수 이름으로 기도하고 선포하면 모든 것이 이루어진다는 어쭙잖은 신앙을, 목사님들을 모아 가르치고 있었던 것이었습니다. 이것은 속임수입니다. 이 세미나는 무엇인가에 목메고 교회의 부흥과 물질의 궁핍함 때문에 간절해하는 수많은 개척교회 목사 부부들을 그의 사역에 끌어들여 수많은 해악을 끼친 것이 사실입니다. 믿음은 그런 것이 아닙니다.

하이델베르크 요리문답 21번째 참된 믿음이란 무엇입니까? 라는 질문의 답은 "참된 믿음이란 하나님께서 말씀으로 계시하는 모든 것은 진실하다는 것을 아는 지식입니다. 즉, 그리스도의 순전한 은혜로 말미암아 다른 사람뿐만 아니라 나도 역시 죄를 용서받았고 하나님 앞에서 영원히 의롭게 되었으며 구원받게 되었다는 것을 성령께서 말씀을 통하여 내게 불어넣어 주시는 것을 믿는 굳건한 확신입니다."라고 되어있습니다.

롬 1:17
복음에는 하나님의 의가 나타나서 믿음으로 믿음에 이르게 하나니 기록된 바 오직 의인은 믿음으로 말미암아 살리라 함과 같으니라

이처럼 예수님을 믿고 의인이 되는 방법은 반드시 믿음이 있어야 합니다. 그렇다면 믿음이란 무엇입니까? 앞에서 말씀드렸듯이 그렇게 선포하는 것도 아니고, 달라고 하는 것도 아니고, 환상 속에서 어떤 현상을 경험한다거나 어떤 기적을 믿거나 하는 것이 아닙니다. 참된 믿음은 성경에서 가르치는 삼위일체 하나님을 믿는 것입니다.

"기독교의 케리그마", 즉 예수님이 우리 죄를 위해서 이 땅에 오셨고, 십자가에 죽으셨으며, 부활하셨다는 성경 말씀을 믿는 것입니다.

우리는 "기독교의 선포", 즉 "케리그마"를 확실하게 확인하여 알고 있어야 합니다. 기독교의 "케리그마"를 아주 짧은 문장으로 너무나 쉽고 훌륭하게 요약해 놓은 부분이 있는데 그 말씀은 고린도전서 15장 1절에서 4절까지입니다.

고전 15:1-4
1. 형제들아 내가 너희에게 전한 복음을 너희에게 알게 하노니 이는 너희가 받은 것이요 또 그 가운데 선 것이라 2. 너희가 만일 내가 전한 그 말을 굳게 지키고 헛되이 믿지 아니하였으면 그로 말미암아 구원을 받으리라 3. 내가 받은 것을 먼저 너희에게 전하였노니 이는 성경대로 그리스도께서 우리 죄를 위하여 죽으시고 4. 장사 지낸 바 되셨다가 성경대로 사흘 만에 다시 살아나사

기독교의 "케리그마"는 간단합니다. 이 고린도전서 15장의 말씀이 성경에서 말씀하는 가장 간단하고, 확실하

고, 명확하며, 명료한 기독교의 "케리그마"입니다. 이것은 선언입니다. 우리가 이 내용을 잘 보게 되면 사도바울이 고린도교회에 선포한 복음을 쉽게 이해할 수 있습니다. 사도바울은 '너희가 내가 전한 그 복음을 굳게 지키고 믿으면 구원을 얻을 것이다'라고 말하면서 우리 교회가 믿어야 할 바를 간단하게 설명해줍니다. 그 설명이 우리가 읽은 고전 15장 1-4절인 것입니다. 다시 말씀드리지만, 기독교의 "케리그마"는 너무나 간단하다는 것입니다.

사도바울이 선포한 기독교의 케리그마, 즉 기독교의 선언은 "예수님이 그리스도이신데 예수님께서 성경에 기록한 대로 우리 죄를 사하시기 위해 죽으시고, 죽어 장사 지낸 바 되었다가, 성경의 기록대로 사흘 만에 부활하여 살아나신 것이다. 그것을 믿는 자는 구원을 받게 된다."라는 것입니다.

우리는 믿음을 구체적으로 잘 정의하고 있어야 합니다. 성경에서 말하는 믿음은 앞에서 말씀드렸습니다만, 국어사전에 나오는 것처럼 "자기에게서 생성되고 발휘되어 아무런 의구심 없이 어떤 것을 신뢰하는 것"으로만 정의하면 그것은 잘못된 정의입니다. 믿음이라는 것에 그런 부분이 있기는 합니다. 그러나 전혀 의심 없이 어떤 상대를 믿는 것을 신학적으로 "주관적 믿음"이라 하고 그러한 주관적 믿음이 격발될 수 있도록 먼저 주어지는 것을 "객관적 믿음"이라 합니다. 이러한 객관적 믿음을 갖게 되면 주관적 믿음으로 자연스럽게 나아가는 것입니다.

그러므로 우리가 전해 듣고 생각하는 그러한 믿음은 어떤 자에 의해 생산되고 발휘되는 것이 아니라, 내 안에서가 아닌 외부에서 어떤 강력한 힘이 끌고 가고, 그 끌림에 끌려가는 모습을 일컫는 것입니다. 마틴 로이드 존스는 그러한 믿음을 "고삐를 쥔 자에 의해 끌려가는 것이 믿음이다."라고 말했습니다. 즉 구원의 모든 과정은 믿음으로 말미암아 의롭게 되고 그 구원은 하나님의 은혜와 사랑으로 계획되며 진행되는 것이고 완성되는 것입니다. 믿음은 그렇게 하나님께서 무상으로 주시는 "객관적 믿음"에서 시작되어 인생을 통하여 말씀으로 양육 받아 자신의 믿음인 "주관적 믿음"으로 격발되는데, 그러한 전 과정을 신앙생활이라고 하는 것입니다.

믿음이 무엇인가에 대한 것을 조금 이해하셨으리라 생각합니다. 믿음은 인간이 만들어 발휘하는 것이 아닙니다. 그러니까 "믿음을 주시옵소서"라고 하지 마십시오. 믿음은 하나님의 전적주권에 의해 하나님의 선물로 주어지는 것임을 우리는 알아야 하고, 그 선물로 받은 객관적 믿음이 주관적 믿음이 되는 과정인 신앙생활을 통하여 지어져 가야 하는 것입니다.

구원받은 자의 삶과 소확행(小確幸)

  요즘 많은 사람들이 소소하지만 확실한 행복을 말하며 "소확행(小確幸)"이라는 신조어를 읊조리곤 합니다. 소확행은 일상 속에서 작지만 확실하게 느낄 수 있는 행복, 또는 삶에서 그러한 행복과 가치를 추구하는 경향을 뜻하는 말입니다. 이러한 경향을 추구하는 것이 최근 트랜드가 아닌가 생각합니다. 이와 비슷한 뜻을 품고 있는 단어로는 2010년대 들어서 인기가 있었고, 요즘도 사용되고 있는 "힐링(healing)"이라는 단어가 있고, 2017년 무렵부터 사용되기 시작한 일하는 시간과 쉬는 시간의 조화, 즉 일과 삶의 조화를 뜻하는 "워라밸(Work and Life Balance)"

등이 있습니다.

　소확행(小確幸)이라는 신조어는 1990년 일본의 소설가 "무라카미 하루키"가 수필집 〈랑게르 한스 섬에서의 오후〉를 쓰면서, 레이먼트 카버의 단편소설 "A small, Good thing"에서 착안하여 사용했습니다. 소확행은 "격렬한 운동을 하고 나서 마시는 시원한 사이다, 갓 구운 빵을 손으로 찢어 먹는 것, 새로 산 면 냄새가 풍기는 하얀 셔츠를 머리에서부터 뒤집어쓸 때의 기분, 큰 것이 아니라 가까이 있는 소소한 것을 느끼는 것, 인생에 큰 욕심 없이 작지만 확실한 행복을 느끼며 살아가는 것"을 "소소하지만 확실한 행복"이라 정의하면서 처음 사용하였었고, 이후 2018년 서울대 소비트렌드연구소가 펴낸 〈트렌드코리아 2018〉에서 "2018년 우리 사회 10대 소비 트렌드" 중 하나로 선정하면서 재조명받았습니다. 소확행은 인간 자신은 자신에 의해 행복해 질수 없다는 하나님의 주권적 은혜가 아닌 자신의 행위를 말하는 것이나 다름이 없습니다. 행복은 생각하기 나름이라는 것이죠.

"소확행"은 현대 사회에서 업무로 인한 정신적 스트레스, 빈부격차로 인한 상대적 박탈감 등 각박한 일상생활 속에서 작은 기쁨에라도 만족하고자 하는 서민들의 욕구가 드러난 용어입니다. 소확행의 사례는 개인마다 기준이 다르지만, "바쁜 오후 시간의 차 한 잔, 동료나 친구와 주고받는 작은 선물, 퇴근 후 맥주 한 잔" 같은 것들도 있습니다.

그런데 이러한 소확행이라는 것은 구원의 사건과는 배치되는 것입니다. 왜냐하면, 구원받은 자들의 삶은, 즉 하나님의 전적 주권에 의한 삶을 살아내는 것은 소확행이라기 보다는 하나님의 창조하신 모든 것은 아름답고 신선하고 선하며, 우리의 삶에 무한 행복을 가져다주는 천국이라는 사실입니다. 그것을 영생이라고 하는 것입니다. 영생을 얻은 성도는 소확행이니 대확행이니 하지 않습니다. 우리는 하나님께서 예수 그리스도를 통하여 주신 영생을 행복이라고 하니까 말입니다. 이 행복이라는 단어는 기독교 용어로는 "거룩"입니다. 그리고 거룩은 "구별"입니다.

요 17:3

영생은 곧 유일하신 참 하나님과 그의 보내신 자 예수 그리스도를 아는 것이니이다

우리는 영생이라는 것을 공간적 장소적 개념으로 이해하는 경향이 강합니다. 조국 교회는 대부분 어떤 장소에 가서 영원히 산다는 생각을 하고 그렇게 배워왔습니다. 물론 그러한 부분도 있습니다. 그러나 영생은 영원히 사는 시간적인 개념이 아니라는 것을 우리는 깊이 인식해야 합니다. "영생"이라는 것은 "거기에 더 손댈 것이 없고 더 진전될 여백이 없는 아름다움과 완성의 극치, 즉 신적인 성품을 지닌 신적인 생명"을 영생이라고 하는 것입니다. 성도는 그의 삶에서 그 영생을 누려야 하는 것입니다. '영생은 곧 유일하신 참 하나님과 그의 보내신 자 예수 그리스도를 아는 것이니이다'라고 말씀하셨으니 말입니다. 우리의 삶에 그 영생의 감각이 살아 있어야 잠깐잠깐 행복을 맛볼 수 있고, 그 맛보았던 행복을 추구하게 되어 있는 것입니다. 그 추구를 성경은 "소망"이라고 합니다.

행 14:16-17

16. 하나님이 지나간 세대에는 모든 민족으로 자기들의 길들을 가게 방임하셨으나 17. 그러나 자기를 증언하지 아니하신 것이 아니니 곧 여러분에게 하늘로부터 비를 내리시며 결실기를 주시는 선한 일을 하사 음식과 기쁨으로 여러분의 마음에 만족하게 하셨느니라 하고

딤전 4:4

4. 하나님께서 지으신 모든 것이 선하매 감사함으로 받으면 버릴 것이 없나니

창조의 하나님은 우리에게 우리가 행복할 만큼의 충분한 것들을 주셨습니다. 그런데 인간이 그러한 하나님의 은혜를 깨닫지 못하고 있는 것입니다. 하나님께서는 모든 아름다운 자연과 성품들을 이미 우리에게 주셨습니다. 우리가 자신을 잠깐 들여다보면 우리에게 그런 것이 조금 있지 않습니까? 유명한 프랑스의 화가 모네가 유언으로 남긴 말이 전해집니다. 그는 "나는 살아오면서 추한 것을 한 번도 보지 못했다."라고 유언했습니다. 그러니까 하나님께서 주신 모든 것은 내가 구원의 감격으로 감사함으로

받아 누리면 그것이 행복이요 유익입니다. 하나님은 우리의 삶에 아름다운 재능과 인격을 주셨고 그것을 통해 우리의 행복을 그려내신다는 것입니다.

소확행은 하루키가 쓴 수필집에서 시작된 신조어인데 이 작가를 굳이 비판하고 폄훼할 생각은 없지만, 사실 "무라야마 하루키"는 인간이고 죄인이기에 그 글들을 소소한 일상에서 쓰긴 했지만, 이 수필집은 물론 그가 쓴 소설들이 많이 팔려 돈이 벌리는 것을 상상하며 쓰지 않았을까 하는 생각을 해봅니다. 그가 "글이 잘 써진 날 오후에 맛있는 도넛을 입에 가득 넣을 때"가 소소하고 확실한 행복이라고 말한 것을 보면 알 수 있지 않습니까? 그도 그럴 것이 하루키는 노벨문학상 받기를 그렇게도 갈망했다는 것입니다. 그래서 그는 노벨문학상 발표 날 많은 팬들과 친구와 친지들이 그의 집에 모여 응원하며 기대했다는 것입니다. 그런데 2024년 한국의 한강 씨가 노벨문학상을 받았습니다. 하루키와 그의 집에 모인 사람들은 크게 실망을 했다는 보도를 접했습니다. 소확행을 말하면서 한쪽에서는 대확행(大確幸)을 말합니다. 이것이 인생이지요.

우리는 소확행을 참 좋은 이미지로 받아들이지만, 이네 대확행(大確幸)을 꿈꾸는 것 아닙니까? "크고 확실한 행복" 말입니다. 소확행을 생각하다 보면 참 암울해집니다. 그래서 소확행을 미화하고 자신의 욕망을 잠시 잠재우곤 할 것입니다. 하지만 대확행이 불현듯 찾아옵니다. 이것이 인간이라는 것입니다. 이것을 보면 행복이라는 것, 다시 말하면 천국, 영생이라는 것을 내가 만들어 낼 수 있다고 착각하는 것이 아니고 무엇이겠습니까? 인간은 절대로 그럴 수 없습니다. 우리의 생각과 행위로 무슨 행복을 만들어낸단 말입니까?

알미니언주의

　기독교 역사에도 그 행복을 내가 만들어 볼 수 있고, 만들어 낼 수 있다고 착각하는 자들이 많았습니다. 그중에 "알미니언 주의자"들이 대표적입니다. 그들은 하나님의 은혜가 아니고, 행함으로 구원에 이를 수 있다고 말하는 자들입니다. 알미니언 주의자들이 주장하는 것은 모든 인간에게는 행복을 쟁취할 능력이 주어져 있기에, 그 능력을 발휘하여 행복을 쟁취하자는 것입니다. 그래서 그 능력으로 행복을 쟁취하지 못하는 자들은 바보라는 주장을 합니다. 이것은 창세기의 "창"자도 모르고 아브라함의 에피소드를 날로 읽은 자들입니다.

본문으로 돌아와 보면 믿음은 하나님께서 선물로 주신 것입니다. 그런데 알미니언 주의자들은 "모든 인간에게는 믿음을 발휘할 능력이 있고 그 발휘된 능력으로 구원을 받을 수 있는데 그 믿음이 발휘되지 못한 자들은 지옥에 간다."라고 주장합니다. 이것은 아닙니다. 믿음은 하나님의 선물입니다. 행위가 아닙니다. 행위가 아니라는 것은 무엇을 말합니까? 믿음은 발휘하는 자가 그 믿음을 생산하는 것이 아니고 외부로부터 우리 심령에 뚫고 들어오는, 즉 선물로 받는 것이라는 말입니다. 우리는 믿음으로 구원을 받습니다. 그 믿음은 아브라함이 만들고 발휘한 것이 아닙니다.

이신칭의라는 것은 하나님에 의해 은혜로 주도되고 완성되는 구원의 사건을 말하는 것입니다. 인간의 그 어떤 행위나 모든 근거가 배제된 상태입니다. 이것은 "기독교의 핵심 진리"이고 "핵심교리"입니다. 그 이신칭의 교리가 성경에서 가장 처음으로 그것도 구체적으로 묘사하고 있는 구절이 오늘 본문 6절인 것입니다. 이 본문을 성경에서 다시 언급하는 구절이 하박국이고 계속해서 로마서로 이어지며 갈라디아서에서 사도바울이 명확하게 설명합니다.

합 2:4
4. 보라 그의 마음은 교만하며 그 속에서 정직하지 못하나 의인은 그의 믿음으로 말미암아 살리라

롬 1:17
17. 복음에는 하나님의 의가 나타나서 믿음으로 믿음에 이르게 하나니 기록된 바 오직 의인은 믿음으로 말미암아 살리라 함과 같으니

갈 3:11
11. 또 하나님 앞에서 아무도 율법으로 말미암아 의롭게 되지 못할 것이 분명하니 이는 의인은 믿음으로 살리라 하였음이라

인간의 실존-똥 더미

 이렇게 명확하게 이신칭의가 설명되어지고 있습니다. 그런데 믿음이 자신에게서 생성되어 발휘된다고 하는 망발이 어디 있습니까? 그러한 주장을 하는 자들은 지옥 백성임이 틀림없습니다. 그들은 인간을 잘 몰라서 그런 말을 쓴 것 같습니다. 무엇인가 인간이 할 수 있는 것이 있고 그것을 해낼 수 있다고 자신하는 것 같습니다. 그러나 인간은 도저히 불가능한 존재입니다. 창세기 2장 7절은 하나님께서 흙으로 사람을 지으셨다고 말씀합니다. 여기에 쓰인 흙이라는 단어는 히브리어 "아파르 민 하다마"입니다. 이를 번역하면 "티끌"입니다. 그러니까 우리 인간은 티끌로 지어졌다는 말씀입니다. 그렇기 때문에 하나님께서 공급하시는 생명력을 받지 못하고 그분과의 관계가 끊어진 자는 바로 티끌에 불과하고 그것이 인간이라는 것입니다.

티끌이라는 말을 성경은 완전 쓰레기 같은 존재를 말할 때 사용합니다.

창 18:27
아브라함이 대답하여 이르되 나는 티끌이나 재와 같사오나 감히 주께 아뢰나이다

삼상 2:8
가난한 자를 진토(아파르)에서 일으키시며 빈궁한 자를 거름더미에서 올리사 귀족들과 함께 앉게 하시며 영광의 자리를 차지하게 하시는도다 땅의 기둥들은 여호와의 것이라 여호와께서 세계를 그것들 위에 세우셨도다

사무엘상에서는 인간을 "티끌"이라고 하면서 "거름더

미"라 말합니다. 이는 티끌과 거름더미를 동격으로 놓고 있는 것입니다. 이렇게 티끌이요 거름더미인 인간은 하나님의 생명력이 끊어지면 "똥"이라는 것입니다. 그것도 제일 더러운 사람의 "똥" 말입니다. 성경이 말씀하는 이러한 "똥 더미"에 불과한 인간이 무슨 크나큰 능력이 있겠습니까? 우리는 인간이 대단한 능력을 가졌고 수많은 일을 만들어낸다고 착각을 합니다. 그러한 능력의 인간을 보세요. 손톱에 아주 작은 가시 하나만 박혀도 고통을 받고, 아주 작은 바이러스에 의해서 생명을 마감하는 것이 인간입니다. 인간은 그렇게 우리가 생각하는 것처럼 대단한 존재가 아니란 말입니다. 우리는 모두가 썩은 우유 냄새가 나는 자들입니다.

롬 3:11-12
11. 깨닫는 자도 없고 하나님을 찾는 자도 없고 12. 다 치우쳐 함께 무익하게 되고 선을 행하는 자는 없나니 하나도 없도다

다 치우쳐 무익하게 된다고 하는데 이것이 바로 썩은 우유 냄새가 나는 자들이라는 뜻입니다. 아이들 키워 보

셨지만, 아이들이 먹다가 문갑 뒤로 흘러 들어간 우유 썩은 냄새를 맡아본 적이 있을 것입니다. 그리고 13절은 무어라 합니까?

롬 3:13

13. 그들의 목구멍은 열린 무덤이요 그 혀로는 속임을 일삼으며 그 입술에는 독사의 독이 있고

무덤 안에서 무슨 냄새가 납니까? 열린 무덤이라고 말씀하는 것은 그 냄새 나는 자들이 인간들이라는 것입니다. 시체 썩은 냄새 말입니다. 이 냄새는 정말 지독합니다. 구역질이 절로 납니다.

롬 3:16

16. 파멸과 고생이 그 길에 있어

예. 낭떠러지를 향하여 질주하는 자동차 같은 절망적인 존재가 인간이라는 것입니다. 무엇을 말씀하는 것입니까? 바로 인간은 "전적으로 타락한 존재"라는 것이고, 불

쌍하고 어쩔 수 없는 존재라는 것입니다. 우리가 살아보아서 알지 않습니까? 우리의 근본이 그렇잖아요. 사도바울도 자신을 어쩔 수 없는 인간이라고 했으니 말입니다.

롬 7:22

22. 내 속 곧 내 육신에 선한 것이 거하지 아니하는 줄을 아노니 원함은 내게 있으나 선을 행하는 것은 없노라, 오호라 나는 곤고한 사람이로다. 이 사망의 몸에서 누가 나를 건져내랴

그러니, 저는 말할 필요도 없습니다. 그래서 그렇게 살아내지 못하고, 실패하고 실수할 때마다 십자가 뒤로 숨는 것뿐입니다. 그러니 얼마나 감사합니까? 이러한 구원의 현실 앞에 "똥 더미"에 불과한 인간이 무엇을 할 수 있다고 나댈 수 있습니까?

Amor fati(아모르 파티)

 매년 5월은 가정의 달이라 해서 참으로 부담되는 달이 기도 하고 할 일이 참 많은 달입니다. 어린이날이라 아이 들을 챙겨야 하고 어버이날과 스승의 날 그리고 부부의 날도 있습니다. 그래서 부담이 많이 됩니다. 그렇게 부담 이 있음에도 그 일을 합니다.

 그런데 우리의 삶을 보면 그러한 일들을 왜 열심히 합 니까? 그것은 행복하기 위해서가 아닐지도 모릅니다. 그 냥 해야 하니까 하는 것이고, 안 하면 허전하고 미안하고 죄송하니까 하는 경우도 있지 않습니까? 그리고 부부간에도 행복을 깨지 않으려고 참고 사는 경우가 많이 있습니다. 오래전에 허참 씨가 사회를 보던 가정 오락프로그램이 있었습니다. 그 프로에 시골 할아버지 할머니를 특별게스트로 하여 진행을 했는데 스피드 퀴즈를 내는 코너가 있었습니다. 문제의 단어는 "천생연분"이었습니다. 이 단어를 본 할아버지가 먼저 운을 띄웠습니다. "당신과 나 사이가 뭐지?"라고 했습니다. 그러니까 할머니가 대뜸 "웬수!"라고 말했습니다. 답답한 할아버지는 다시 "당신과 나를 네 자로 뭐라고 하지?"라고 하니까. 할머니가 단호하게 말했습니다. "평생웬수!". 제가 이 장면을 기억하는 것 보면 대한민국 중년들 대부분이 아는 에피소드일 것입니다.

남편이든 아내든 한쪽은 칼을 들고 살면서 참고 살고, 한쪽은 아무것도 모르고 우리는 행복하다고 생각하며 살고 있다는 말입니다. 5월이라고 부담스러운 것을 받아들이면서 뭔가를 합니다. 그렇지만 이것이 인간의 한계입니다. 우리는 불가능한 존재라는 말입니다. 행복을 생산해 낼 수 없는 것이 인간입니다. 그러한 인간들이 무엇을 행함으로 행복을 찾으며 무슨 대단한 행위를 하여 구원을 받겠습니까? 이런 의미에서 알미니언주의는 실패한 믿음을 지금도 지키려 하고 있는 것입니다.

우리는 오직 예수 그리스도의 십자가의 은혜로만 구원을 받으며 행복을 영위할 수 있는 것입니다. 이 모든 것은 "오직 믿음"으로입니다. 믿음을 생성하여 발휘할 수 있는 존재는 이 세상에 없습니다. 아울러 우리의 행함은 "똥 더미"에 불과한 것입니다. 단언하건대 기독교에서 요구하는 행함은 명확합니다. 그 행함이라는 것은 "사랑이신 하나님의 다스리심과 하나님께서 통치하시는 그 통치하심에 자신의 전 존재를 모두 송두리째 내맡기는 것"입니다. 다시 말해서 "은혜의 통치를 받는 것"이 행함입니다. 그 이외의 그 어떤 행함도 하나님은 원하지 않으십니다. 그 통치 받는 행함을 영생이라고 하는 것입니다. 그분을 전적으로 신뢰하며 그분께 나아가는 그것이 거룩이고, 구별됨이 행복입니다.

믿음이라는 것을 자신이 쟁취하여 발휘하려 하지 마십

시오. 기어코 실패합니다. 믿음은 하나님께서 시작하셔서 하나님께서 마치십니다. 기독교의 핵심은 "우리가 하나님을 알아가면서 그로 말미암아 하나님의 통치를 기쁘게 받는 하나님의 참 백성, 교회로 지어져 가는 것"입니다. 이것이 Amor fati입니다.

"Amor fati"는 김연자 씨가 불러서 유행하는 트로트의 제목이어서 잘 알려져 있습니다. Amor fati는 처음에 니체가 그의 저서 "즐거운 지식 Die fröhliche Wissenschaft" 등에서 Amor fati라는 개념을 "운명을 사랑하라"는 것으로 정리했습니다. 한자로는 운명애(運命愛)라고 번역하고, 영어로는 "Love of Fate"라고 합니다. 놀랍게도 이 Amor fati는 성도들에게 적용해도 아무런 문제가 없습니다. 하나님의 은혜와 사랑에 믿음으로 지어져 가는 성도의 삶이 바로 Amor fati입니다. 이것은 바로 구원받은 자만이 가능한 사랑입니다. 인간은 니체가 말하는 것처럼 그 누구도 자신의 주위에서 나타나는 고통과 상실 등을 적극적으로 받아들여 삶을 행복으로 이끌 수 없습니다. 그렇게 해낼 인간이 없습니다. 해낼 수 있다는 말을 하는 것은 이 세상의 모든 인간이 "시지프스의 저주"에 걸려있다는 것을 모르는 것입니다.

인간들이 가능하다고 하는 행복은 "알베르트 까뮈"의 "시지프스 신화"에서 그 거인이 굴리는 돌과 같아서 산꼭대기로 바위를 굴려 올라가면 굴러 내려오고, 또다시 온 힘을 다해 굴려 밀고 올라가면, 또다시 굴러 내려가 버리는 허무한 것들이라는 것입니다. 죽을 때까지 그렇게 굴려 올라갔다 다시 굴러 내려온 바위를 또 굴려 올라가는 행복을 어찌 행복이라 할 수 있습니까? 이것은 차라리 죽음입니다.

우리의 행복은 오직 은혜로만 가능하고, 오직 믿음으로만 가능합니다. 예수 그리스도의 십자가 구원만이 Amor fati를 실현할 수 있습니다. 예수 안에 있는 믿음으로 의롭게 된 자들의 Amor fati입니다.

성도들의 방패와 상급

우리는 이신칭의로 구원을 받습니다. 이신칭의는 기독교 교리의 핵심입니다.

창 15:6
6. 아브람이 여호와를 믿으니 여호와께서 이를 그의 의로 여기시고

앞에서 말씀드렸습니다만, 믿음은 인간이 쟁취해서 발휘하는 것이 아니라고 했는데 지금 이 구절을 보면 아브라함이 여호와를 믿어 준 것같이 보이고, 그것으로 구원을 받아 의로운 자가 된 것처럼 보이지만, 우리가 1절부

터 연결해서 읽어보면 그 믿음은 하나님께서 선물로 주신 것이지 아브라함이 쟁취해서 발휘한 것이 아님을 알 수 있습니다.

창 15:1
1. 이 후에 여호와의 말씀이 환상 중에 아브람에게 임하여 이르시되 아브람아 두려워하지 말라 나는 네 방패요 너의 지극히 큰 상급이니라

참으로 놀라운 말씀입니다. 두려워하고 있는 아브라함에게 두려워하지 말라고 하시면서 아브라함의 방패요, 상급이라고 하나님 자신을 제시합니다. 그런데 아브라함이 두려워하는 것이 무엇입니까?

창 14장에 보면 아브라함은 겁도 없이 동방정복전쟁을 하는 엄청난 연합국을 상대로 삼백십팔 명의 병사들을 출병시켜 기습 공격하여 전리품을 챙기고 포로들을 잡아 왔습니다. 그렇게 출병하여 놀라운 성과를 거두었는데 돌아와 생각해보니 엉뚱한 짓을 한 것처럼 자기 자신의 안위를 걱정하고 있는 것입니다. "혹시 원정대가 전열을 가다

듬어 공격해 오지 않을까"하는 걱정이었던 것입니다. 이러한 걱정이 시작되면 자신의 근본까지도 고민해보고 걱정하는 것이 인간 아닙니까?

아브라함은 그러한 불안감에다가 자신이 빼앗아온 전리품들도 조금은 가져야 하는데, 하는 아쉬움과 하나님께서 약속하신 후손의 불확실함에 대한 불만 섞인 두려움도 있었던 것입니다. 하나님은 그러한 아브라함의 두려움을 들춰내십니다. 그리고 그에게 하나님은 두려워하지 말라고 말씀하시면서 몇 가지를 제시합니다.

그 첫 번째로 하나님은 아브라함의 두려움을 막아주는 "방패"라고 말씀하십니다. 우리가 알다시피 방패는 전쟁에서 군인이 자신을 보호하는 개인 장비입니다. 또 방패는 여러 가지 적의 공격으로부터 방어하는 효과적인 장비입니다. 하나님께서 두려워 말라고 하시고서 '나는 네 방패'라고 말씀하셨는데 이는 하나님께서 아브라함의 두려움은 동방원정대의 보복이라는 것을 이미 알고 계셨다는 것이고, 그 두려움의 방패가 되어 지켜주시겠다는 것입니다.

아브라함의 두려움은 하나님께서 인도하신다는 사실을 망각하면서 시작되었습니다. 그는 하나님께서 자신과 함께하셔서 동방원정대를 물리치신 일과 그 승리가 하나님의 승리라고 고백하며 십일조를 드린 일들을 망각했던 것입니다. 그렇기 때문에 하나님을 온전히 신뢰하지 못하고 그들의 보복을 두려워했던 것입니다. 이러한 모습은 바로 우리의 모습 아닙니까? 아침에는 "하나님께서 하셔"라고 소리치면서 출근하고, 오후가 되면 세상의 풍파에 찌들어 "내 인생은 왜 이런지 몰라" 하며 푸념하는 것 말입니다. 우리의 조변석개(朝變夕改)하는 나약한 모습은 바로 본문의 아브라함을 보는 듯합니다. "이거 하나님을 믿는다는 사람들이 왜 이러나" 하면서도 그것이 우리의 삶임을 인정해야 합니다.

우리가 사는 세상은 참으로 팍팍합니다. 불안정한 미래는 기본입니다. 먹고 사는 문제도 그렇습니다. 학교에 진학하면 성적에 눌리고 직장에 취직하면 학벌에 눌리고, 퇴직 후에는 돈에 눌려 발버둥 쳐야만 하는 곳이 세상입니다. 선생님의 지시나 상사의 지시에 어긋나는 말이나 행동이 어렵습니다. 교수님의 이론에 토를 달면 학점이나 졸업이 어려워지는 것이 현실이고, 상사나 경영진의 지시에 딴죽을 걸면 밥줄이 끊어집니다. 동료와의 갈등과 가정에서의 갈등도 있습니다. 힘 있는 사람이 때리면 맞으면서도 참고, 그렇게 참고 있는 모습을 부정부패 부도덕한 세상은 남의 일처럼 생각합니다. 그렇게 힘겹게 다다르는 곳 없이 방황하며 흘러가 결국 희망도 기대도 없이 허무한 것이 인생입니다.

성도라고 해서 다른 삶을 사는 것이 아니지 않습니까? 그래서 힘이 든 것입니다. 우리는 그래서 푸념도 하고 조변석개(朝變夕改)도 하는 것입니다. 세상에서의 자신의 삶을 아무리 관조해 보아도 별것 아닌 것 같으니까 말입니다. 그냥저냥 먹고 살 만한 사람들도 모두 그들의 현실에서는 똑같은 회색지대 인생길을 갑니다.

아브라함이라고 별수 있습니까? 그 길을 가는 것입니다. 그러한 아브라함에게 두려움이 찾아온 것입니다. 하나님은 아브라함의 두려움에 대하여 그의 믿음 없음을 질책하지 않으시고 아브라함이 이긴 전쟁에 대하여 조목조목 설명해주시면서 가르치십니다. 아브라함이 치른 전쟁은 하나님의 전쟁임과 그 전쟁에서 사용된 모든 것은 하나님의 능력이라는 것을 본문에 쓰인 "방패"라는 말씀으로 아브라함을 위로하고 있는 것입니다.

두 번째로는 하나님은 자신이 아브라함의 "지극히 큰 상급"이라고 말씀하십니다. 상급이라는 단어는 히브리어 "싸카르"입니다. 이는 "전리품"이라는 의미를 지니고 있습니다. 아브라함은 동방원정대를 격파하고 수많은 전리품을 챙겼습니다. 그런데 그 전리품을 거절합니다. 그 과정에서 아브라함은 그 전리품에 대한 미련이 있었던 것임을 알 수 있습니다. 이에 하나님은 "그것들이 네 전리품이 아니라 바로 내가 전리품이다"라고 하신 것입니다.

아브라함이 미련을 가진 것처럼 우리도 항상 미련이 있습니다. 다는 아니지만 많은 성도들이 건물이나 주식, 코인 등에 재테크하는 모습을 많이 봅니다. 그런데 그것이 마음대로 되지 않습니다. 하나님께 기도하고 시작한 투자가 큰 손실을 입었을 때 하나님을 믿었다는 것에 대한 자괴감이 드는 사람들도 있을 것입니다. 제가 본 한 사람도 그렇습니다.

  그는 평범하게 교회를 다니는 교인이었습니다. 어느 날 잠깐 그를 만났는데 공공연하게 담배를 입에 물고 있었습니다. 분명 담배를 끊었다고 공언을 했었는데 흡연을 하고 있기에 물었습니다. "담배 많이 피우시면 건강에 좋지 않습니다."라고 하니 그분이 "저는 그래서 담배 만 원짜리 핍니다. 비싼 담배는 그래도 해가 덜하지 않겠습니까?"라고 했습니다. 저는 담배를 끊으신 분이 왜 다시 피우시냐고 물었습니다. 그가 사정을 이야기했습니다.

  그의 아내가 어느 날부터 새벽작정기도를 시작하더니 "하나님께서 축복하시겠다."는 응답을 받았다고 하면서 나름 유망한 주식을 샀다고 합니다. 처음에는 조금 오르는 기미가 보였습니다. 그래서 올라가겠구나 하면서 편안하게 시간을 보내고 있는데 투자한 주식의 가격이 하향곡선을 타고 있었습니다. 그래도 "이 정도면" 하면서 계속

관망하던 차에 주가가 폭락한 것입니다. 그 일로 재산의 반을 날렸다고 하면서 하나님은 무슨 하나님이냐고 푸념을 하고 있었습니다. 저는 참으로 안타까웠습니다.

성도라는 사람들은 성숙에 이르는 길로 들어서서 구원받은 자로 삶을 살아내는 자들입니다. 성도의 삶에 물질이라는 것은 축복이 아닙니다. 물론 물질이 많으면 얼마나 좋겠습니까? 우리가 정확히 알아야 할 것은 우리에게 주어지는 물질, 돈은 복이 아니고 "은사"라는 사실입니다. 복이라는 것은 자신이 누리는 것입니다. 그렇지만 은사는 다릅니다. 은사는 나 자신이 아니라 다른 이들을 섬기기 위해 나에게 위탁된 것입니다.

성도는 자신에게 위탁된 물질을 청지기로서 잘 관리하면 되는 것입니다. 우리에게 중요한 것은 그 선물을 주신 하나님입니다. 그렇기 때문에 성도들은 청지기의 임무를 완수하였을 때 오는 만족과 행복을 마음껏 누리는 것입니다. 그래서 성도들은 물질에 대한 관점의 전환(paradigm shift)이 필요하다는 것입니다. 패러다임의 전환이 안 된 자들은 아브라함이 느꼈던 서운함이 느껴질 것입니다. 물질의 주관자는 하나님이십니다. 그분이 물질을 은사로 주시면 받아 청지기로서의 삶을 누리면 되는 것이고, 주지 않으시면 "나는 물질에 은사가 없구나" 하는 마음으로 하나님께서 주신 은사를 누리면 되는 것입니다. 물질이 있는 것도 은사요. 물질이 없는 것도 은사입니다.

본문에 아브라함의 허전함을 아시고 하나님은 내가 "지극히 큰 상급"이라고 아브라함을 위로하십니다. 우리는 하나님을 믿어 의롭게 된 자들입니다. 하나님이 우리의 "전부"입니다. 그분이 주시면 감사, 주시지 않았어도 감사하며 성도에게 주어진 행복의 길을 묵묵히 한발 한발 내딛는 것입니다. 어떻게 그렇게 되냐고요? 제가 무슨 답을 드리겠습니까? 그가 구원받았고 구원받은 자라면 그렇게 되는 것입니다. 개차반인 나를 구원하여 주셨는데 그것보다 무엇이 더 주어져야 합니까? "아… 저만 개차반"입니까? "구원"이 "상급"입니다. 이것이 믿음입니다.

아브라함의 두려움을 바라보시는 하나님은 아브라함

이 출격하여 치른 전쟁은 하나님께서 하시는 전쟁이고, 그 전쟁을 통하여 주어진 상급은 하나님이시고, 그러하기에 그 전쟁은 절대로 패배할 수 없음을 말씀하고 계신 것입니다. 하나님은 아브라함이 치른 전쟁을 반추하게 하시고, 아브라함이 두려워하는 것에 대한 대답을 하시며, 아브라함으로 하여금 두려움에서 벗어나도록 인도하고 계신 것입니다. 아브라함이 14장에서 수행한 전쟁은 하나님께서 방패가 되셔서 이긴 전쟁이었으며, 모든 전리품도 세상의 물질이 아니라 하나님이라는 것을 제시하시고, 앞으로 있을 아브라함의 모든 전쟁은 바로 하나님께서 하시는 전쟁이 될 것이라는 것을 말씀하시는 것입니다. 앞으로 치를 모든 전쟁은 하나님의 전쟁이니 두려워하지 말라는 것입니다.

미래의 영적 전쟁은

우리가 앞장들에서 아브라함이 치른 전쟁은 성도들이 인생을 통해 치를 전쟁이라는 것을 말씀드렸습니다.

엡 6:12
12. 우리의 씨름은 혈과 육을 상대하는 것이 아니요 통치자들과 권세들과 이 어둠의 세상 주관자들과 하늘에 있는 악의 영들을 상대함이라

그러므로 앞으로 아브라함이 치를 전쟁은, 즉 성도들이 치를 전쟁은 세상의 것들을 얻기 위한 전쟁이 아니라, 죄악을 앞세운 사망과 하나님이라는 상급을 두고 치열하게

전쟁해야한다는 것을 기억하라고 하시는 것입니다. 그리고 그 전쟁은 하나님의 전쟁이라고 전해주시는 것입니다.

세상은 혹독하리만치 우리들을 짓누르고 유혹합니다. 최근에는 "쳇 GPT"의 세계가 펼쳐진다고 난리들입니다. 이 초거대 인공지능 "쳇 GPT"의 등장은 세상을 빠른 속도로 변화시키고 있습니다. "쳇 GPT"는 쉽게 이야기하면 인공지능의 컴퓨터와 대화를 하는 서비스입니다. 그냥 사람과 대화하듯 채팅을 하면 인공지능이 자동으로 대답해주는 서비스인데 생성형, 즉 대화형 AI라고 보면 됩니다.

"쳇 GPT"란 데이터를 미리 학습해 문장으로 생성하는 프로그램을 의미합니다. "쳇 GPT"에 시와 소설에서부터 블로그, 편지, 일정, 보고서까지 궁금한 것을 입력하면 자유자재로 문장을 생성하고 답변하며 세상을 놀라게 만들고 있습니다. 산업의 판을 바꿀 게임체인저로 불리는 이유가 여기에 있습니다. "쳇 GPT"는 2022년 11월 등장해 불과 2개월 만에 사용자 수 1억 명을 돌파했습니다. 그 어떠한 모바일이나 PC 서비스보다 빠른 질주입니다. 이처럼 빠른 속도로 우리의 삶에 스며드는 생성형 인공지능 챗 GPT는 어느새 없어서는 안 될 범용기술로 산업과 생활 곳곳에 침투하고 있습니다.

챗 GPT 개발사의 CEO "샘 울트먼"은 생성형 인공지능을 전기의 발명에 비유하였습니다. 1800년대 전기가 상용화되면서 수많은 산업이 태동하고 재정립되었듯이, 2023년 생성형 인공지능이 또 한 번 산업의 소용돌이를 일으킬 것이라는 메시지입니다. 이러한 산업의 변화는 곧 일자리의 변화로 이어질 것입니다. MIT경제학부에서 실시한 연구에 따르면 "챗 GPT"를 업무에 사용할 경우 처리 시간이 약 38% 단축되는 것으로 나타났습니다. 미국 경제 매체인 비즈니스 인사이드는 향후, 프로그래머, 미디어 담당자, 변호사, 애널리스트, 교사, 재무 분석가, 트레이너, 그래픽디자이너, 회계사, 고객서비스 담당자 등, 상당수 직종이 영향을 받을 것으로 분석하고 있습니다.

SF소설가인 "위리엄 쉽스"는 이런 말을 했습니다. "미래는 이미 여기에 와있다. 단지 고르게 분포되어있지 않을 뿐", 즉 미래는 이미 현실에 존재하지만 이를 적극적으로 받아들이는 사람과 그렇지 않은 사람에게 다다르는 시간이 다르다는 의미입니다. 새로운 기술에 적응하지 못한 사람은 결국 도태될 것입니다. "쳇 GPT"의 큰 단점은 제가 이 글을 쓰고 있는 오늘 2024년 현재 국제 규제 및 규범이 만들어지지 않고 있어서 정말 위험할 수도 있다는 것입니다. 더욱 심각한 것은 개발자까지 그 위험성을 경고하며 규제와 규범이 만들어지기를 원하지만, 그 어떤 나라도 뚜렷한 대책을 내놓지 않고 있다는 사실입니다. 그러는 사이 AI는 급속도로 우리의 삶에 파고들어 영향을 미치고 있습니다.

차치하고 이러한 세상의 놀라운 변화는 복음을 전하는 목회자나 신앙생활을 하는 성도들에게 시사하는 바가 큽니다. 복음다운 복음을 듣지도 못하고 한국적 샤머니즘에 편승한 기독교를 접한 많은 이들에게, 이제는 쳇 GPT(AI)에 의해 생성된 잡다한 말씀들이 전해질지 모른다는 것입니다. 그도 그럴 것이 최근 목사를 청빙하지 않고 신앙생활을 배우려는 교회들이 점점 늘어나고 있습니다. 쳇

GPT(AI) 같은 인공지능의 등장은 그들에게 쾌재를 부르게 할지도 모릅니다. 쳇 GPT(AI)는 교회다운 교회가 아닌 자들에게는 아주 필요한 것이 될지도 모릅니다. 이 말은 순전한 기독교를 전할 수 없거니와 아울러 영적 전쟁에 실패할지도 모른다는 말입니다. 성령의 감동이 없는 말씀이 전해진다는 것은 생각만 해도 끔찍합니다.

물론 지금 수많은 가르치는 자들이 영혼 없는 말씀을 전하고 있음을 부인할 수 없습니다. 이 와중에 쳇 GPT(AI)를 통해 생성된 설교를 준비하여 그야말로 기계적인 말씀이 전해진다면 이것은 교회를 완전하게 와해시키는 것이 될 것입니다. 말씀선포의 위기를 초래할 가능성이 매우 높습니다. 쳇 GPT(AI)를 접하며 그것을 매개로 한 사탄의 궤계를 우리는 보아야 합니다. 마귀는 예수님도 시험했습니다. 하물며 여러분이겠습니까?

우리는 사탄, 마귀에게 하루 24시간은 물론 쉼 없이 노출되어 영적 전쟁을 치러야 합니다. 이는 우리에게 대적이 있음을 말하는 것입니다.

엡 6:11

11. 마귀의 간계를 능히 대적하기 위하여 하나님의 전신 갑주를 입으라

약 4:7

7. 그런즉 너희는 하나님께 복종할지어다 마귀를 대적하라 그리하면 너희를 피하리라

벧전 5:8-9

8. 근신하라 깨어라 너희 대적 마귀가 우는 사자 같이 두루 다니며 삼킬 자를 찾나니 9. 너희는 믿음을 굳건하게 하여 그를 대적하라 이는 세상에 있는 너희 형제들도 동일한 고난을 당하는 줄을 앎이라

성경은 이렇게 경고합니다. 그런데 우리는 이것을 무시하는 경향이 있습니다. 우리 성도들은 알게 모르게 이러한 영적 전쟁에 벌거벗긴 채 아무런 무기도 없이 내던져지고 있음을 봅니다. 우리는 이러한 상황에서 두려움이 아닌 경각심을 가져야 합니다. 성도의 전쟁은 세상에서의 힘을 말하는 성공이 아닙니다. 세상의 힘이 최고라고 외치며, 나 이외의 다른 사람들을 밟으며, 그 위로 올라가려

는 것을 목적으로 살고 있는 그러한 전쟁을 하는 것이 아닙니다. 이 세상은 말할 것도 없고 조국교회의 많은 교회들이 그리로 내달리라고 권하고 있습니다. 하나님을 알고 말씀으로 무장하는 길에 지름길은 없습니다. 오직 힘써 알려는 노력으로 예수님을 만나야 합니다. 그리고 그분께 순종하며 유일한 공격무기인 말씀으로 무장할 수밖에 없습니다.

영적 전쟁의 결과는 승리입니다. 하나님은 성도들이 영적 전쟁에서 승리하여 받을 상급은 바로 하나님이라고 말씀하고 계십니다. 즉 성도들의 상급은 하나님께서 소유하신 어떤 힘이 아니라 "하나님 나라에서의 영생"이라는 말씀입니다. 그것이 성도들에게 주어지는 전리품입니다. 그것을 깨달은 자들이 구원받은 자들입니다. 우리가 하나님께 합한 의인이 되는 유일한 길은 이 전쟁의 방패이시고 전리품이신 하나님을 전적으로 신뢰하는 것입니다. 이러한 믿음을 가진 자가 바로 "이신칭의"를 얻은 자인 것입니다. 이것이 구원이라는 엄청난 사건인 것입니다.

상급을 향하여

하나님은 우리의 방패이며 상급임을 확인했습니다. 이 말은 하나님께서 성도들을 처소 삼으시고 성도들과 연합됨을 말씀하시는 것입니다. 즉 하나님께서 소유하신 모든 것을 공유하는 사이가 되었다는 것입니다. 이것은 어마어마한 상급입니다.

엡 2:22

22. 너희도 성령 안에서 하나님이 거하실 처소가 되기 위하여 그리스도 예수 안에서 함께 지어져 가느니라

방패와 상급이 되시는 하나님은 우리에게 어떠한 모습으로 나타나셨습니까? 역사 속에서 예수 그리스도의 십자가로 나타나신 것입니다. 우리가 죄인 되었을 때에 하나님은 예수 그리스도의 십자가 안에서 세상을 이기시고 승리하신 전리품을 하나님의 백성들인 성도들에게 아무 대가도 없이 무상으로 거저 주신 것입니다.

엡 2:8

8. 너희는 그 은혜에 의하여 믿음으로 말미암아 구원을 받았으니 이것은 너희에게서 난 것이 아니요 하나님의 선물이라

우리는 구원을 선물로 받은 것입니다. 그 선물로 말미암은 승리로 우리의 모든 영적 전쟁은 끝이 난 것입니다. 하나님은 당신의 아들인 예수 그리스도를 보내셔서 십자가에서 죄의 권세를 박살 내시고 하나님의 백성들을 의롭다 하신 것입니다. 이 모든 일은 하나님께서 홀로 행하신 것입니다. 이것이 믿어지십니까? 2,000년 전 유대에서 태어난 목수의 아들이 십자가에서 죽으심으로 우리의 모든 죄가 사해졌다는 사실 말입니다. 그리스도인은 그것을 믿

어 의인이 되는 것입니다.

  하나님은 이러한 승리의 모습을 성도들의 삶에서 실제화하도록 하십니다. 그 실제화의 과정이 바로 신앙생활인 것입니다. 성도는 세상 가운데에서 삶을 살아내어야 하는데 그 삶은 예수 그리스도께서 십자가에서 죽으시기까지 순종하신 순종을 내어놓아야 하는 것입니다. 예수 그리스도가 십자가의 순종으로 우리의 모든 죄를 도말하신 것처럼 우리도 십자가의 삶을 살아내어 우리 자신에게 수많은 오염으로 붙어있는 죄악 된 옛사람을 벗고 승리의 삶을 보여주어야 합니다. 그것이 바로 십자가의 실제화인 것입니다. 실제화를 다른 말로 "하나님의 통치하심에 맡기는 삶"을 의미합니다. 말이 쉽지 그것이 가능합니까? 참으로 어렵습니다. 그러나 우리는 예수 그리스도가 가신 순종의 길을 목표로 달려야만 합니다. 그 목표가 없다면 싸움은 패배입니다.

  조국교회의 성도라는 사람들에게 이 십자가를 향한 목표가 없다는 것이 참으로 안타깝습니다. 우리가 가장 무서워해야 할 것은 신앙생활의 목표가 없다는 것입니다. 이 목표라는 것이 단지 새벽기도를 빠지지 않는다거나, 주일성수라는 것을 강조하는 것이거나, 십일조나 물질을 하나님께 드리는 것, 그리고 어떤 직분자가 되고, 올해는 무엇을 하여 하나님을 기쁘게 해드리겠다는 것이 아닙니다. 물론 그러한 목표도 조금은 필요합니다.

그러나 우리의 궁극적 목표는 "하나님의 통치를 받는 삶"입니다. 이 목표가 확실한 사람이라면 영적 전쟁에서 문제가 되지 않습니다. 이 목표가 확실한 사람은 순종의 삶을 향하여 몰입할 것이기 때문입니다. 목표가 확실한 성도는 하나님께서 주신 상급에 감사하며 그 길을 간다는 것입니다. 왜냐하면, 그 축복을 포기하고 싶지 않기 때문입니다. 신앙생활에 있어서 순종, 거룩, 영생을 향한 목표 없는 삶은 경로 없는 비행과 같습니다. 대부분이 실패는 목표가 확실하지 않아서 그런 것입니다.

비행기에는 ETA 개념이 있습니다. ETA는 "운행 기록 분석 시스템"입니다. 천재지변이나 특별한 사유가 없는 한 대부분의 비행기는 ETA에 의해 예정된 시간에 도착합니다. 비행경로대로 운행했으니 당연한 것이라 생각하지만 사실 비행경로는 보이지 않는 가상의 경로이므로 비행기가 경로 그대로 완벽하게 가는 것은 불가능합니다. 엄밀히 말하면 90% 이상의 비행기가 경로 이탈 상태로 운항하는 것입니다. 비행 중에 이상 기류와 같은 이상 상황을 만나면 그 경로를 이탈해 우회하기도 합니다. 그런데도 비행기는 대부분 정해진 시간에 도착합니다. 이유는 그 시간에 도착하고자 하는 ETA에 의한 확실한 목표가 있기 때문입니다. 우회했을 때에는 엔진의 최고 출력을 내기도 하고, 더 빠른 경로를 찾기도 하면서 예정 시간에 맞추어 안전하게 도착하는 것입니다. 모든 것이 비행 목표가 있었던 덕분인 것입니다.

뚜렷한 목표는 생명을 좌우합니다. 우리의 순종을 향한 신앙생활도 비행과 같습니다. 목표를 설정해야만 구체적 실천사항이 발생하는 것처럼 목표가 있는 성도들은 승리를 향하여 덕지덕지 붙은 옛사람의 흔적을 떼어내기 위한 싸움을 쉼 없이 하게 됩니다. 목표를 분명하게 세우지 않는 비행기는 항적을 잃고 여기저기 헤매다가 연료를 모두 소진하고 추락하게 되는 것처럼 우리의 신앙생활도 마찬가지입니다. 성도라는 사람들이 순종을 향한 목표가 없다는 것은 참으로 참담한 것입니다.

목표를 가진 사람은 환경을 바꿉니다. 목표를 이루어 내는 사람과 목표를 이루어 내지 못하는 사람의 차이는 각자 가진 능력이 아닙니다. 환경에서 오는 차이에서 많은 부분이 바뀌는 것입니다. 인간은 처음에 자신이 처한 상황에서 노력합니다. 그 상황에서 발전한 부분을 가지고 살아갑니다. 그에 반해 자신이 처한 환경에 굴복하지 않고 자신의 영적 성장에 필요하도록 의도적으로 환경을 바꾸어가는 사람이 있습니다. 이 사람은 자신이 원하는 것을 분명히 아는 사람입니다. 목표가 뚜렷해야 그 목표에 집중하면서 자신의 성장에 불필요한 것을 가지치기하고 지속적으로 영적 성장이 가능한 삶을 만들 수 있습니다.

성도들의 삶에서 반드시 이루어야 할 목표는 "하나님의 통치"입니다. 그 목표를 위해 성도들은 그리로 가지 못하게 하는 세상의 수많은 것들을 가지치기해야 합니다. 성령 안에서 자신을 보호해야 한다는 것입니다. "순종"이라는 목표를 향해 초집중하는 삶을 살기위해 그것을 방해하는 요소들로부터 멀어져야 한다는 의미입니다. 물론 초집중을 하다가도 넘어지고 지칠 때는 실망합니다. 하지만 신앙의 목표를 향해 일어서서 전진하는 것이 진짜 성도들인 것입니다. 진짜 성도는 하나님의 통치를 받기에 합당한 환경을 만들어가는 길에 신앙생활에 걸림돌이 되는 것들에서 멀찌감치 떨어지는 것을 택하여 하나님의 인도를 받는 자들입니다.

성도가 신앙생활을 하면서 순종, 즉 "하나님의 통치하심을 받는 목표"에 도달하기 위해서는 쉼 없는 끈기가 필요합니다. 물론 우리는 죄인이라서 넘어질 때가 많이 있습니다. 그럼에도 불구하고 목표를 잊지 않고 목표를 향하여 내달려야 하는 것입니다. 우리의 신앙의 경주는 끈기와 의지를 요구합니다. 끈기 외에는 특별한 왕도가 없습니다.

상급을 받기 위하여

옛날 중국에 재상급 관료인 "대사마(大司馬)"라는 지금의 "국방부 장관" 직위를 가진 사람 집에 갈고리를 잘 만드는 장인이 있었습니다. 여든이라는 고령에도 갈고리 하나만큼은 누가 봐도 경탄이 절로 나올 정도로 잘 만들었습니다. 그런 그에게 대사마가 어떻게 이렇게 갈고리를 잘 만들 수 있냐고 물어보았습니다. 그러자 갈고리 장인은 "딱 하나 있습니다. 저는 20세부터 갈고리를 만들었고 그때부터 다른 일은 쳐다보지 않고 오직 갈고리 만드는 일에만 평생을 바쳤습니다. 계속해서 정성을 다해 만들다 보니 이렇게 만들게 되었습니다."라고 했습니다. 사실 왕도는 없었습니다. 평생을 바쳐 그 갈고리 만드는 일에 정성을 다한 것이 비결이었습니다.

　시선 이태백이 어렸을 때 뛰어난 스승을 찾아서 공부하다가 힘들고 실증을 느껴서 공부를 중단하고 산에서 내려왔습니다. 그리고 산촌을 유랑하다가 어느 계곡을 보며 쉬고 있었는데, 그 계곡의 아래에서 할머니 한 분이 바위에 열심히 도끼를 갈고 있었습니다. 이를 기이하게 여긴 이태백이 노파에게 질문하면서 대화가 시작되었습니다. "할머니 뭐 하려고 도끼를 갈고 있습니까?, 바늘을 만들려고 한다네, 이렇게 큰 도끼가 어떻게 바늘이 됩니까?, 그만두지만 않는다면 분명히 바늘을 만들 수 있다네." 이 말을 듣고 큰 깨달음을 얻은 이태백은 노파에게 큰절하고 다시 산으로 올라가 공부를 계속했다고 합니다. 이후 이태백은 공부에 정진하다가 마음이 흔들릴 때면 그 노파가 했던 말을 생각하면서 마음을 다시 잡았다고 합니다. "마부작침(磨斧作針) 도끼를 갈아 바늘을 만든다."라는 한자성어가 이 이야기에서 유래했습니다. 아무리 재능이 있는 자도 오랜 시간 끈질기게 노력하는 사람을 이기지 못합니다.

참으로 놀라운 것은 우리 성도들은 이미 이긴 싸움을 하는 것입니다. 이미 이룬 목표를 향해 가는 것일 뿐입니다. 그렇기에 신앙생활에 힘쓰면서 순종과 하나님의 통치 받는 일에 포기하지 않고 매진하면 반드시 그 목표에 이르게 될 것입니다. 그 목표에 도달하지 못하게 하는 불필요한 요소들은 제거하는 것도 좋지만 사실 제거하기가 만만하지 않습니다. 우리는 그것들에 대하여 "선택적 무시"를 해야 합니다. 그렇다고 삶을 살지 말라는 것이 아닙니다. 우리는 어차피 이 세상에서 거룩을 향해 가야만 합니다. 단지 어떤 사물이나 사람들에게서는 그리고 자신의 마음에서 신앙생활에 도움이 되는 아무런 가치나 영양분을 받을 수 없다는 것을 지혜롭게 분별해야 합니다.

신앙생활의 목표를 위해서 의도적으로 "선택적 무시"를 해야 합니다. 이것은 세상과 단절을 하라는 것이 아닙니다. 노아와 그의 자녀들, 그리고 아브라함, 이삭, 야곱, 모세, 여호수아, 다윗도 그 사회에서 우리가 사는 모습 그대로 평상시처럼 삶을 살았다는 것을 알아야 합니다. 우리가 무슨 예수님이라도 됩니까? 그냥 사는 것입니다. 그러면서 그 가운데에서 분별력을 가져야 한다는 것입니다. 우리는 그 목표를 향한 것 외의 것을 단절하고, 하나님을 향한 갈망에 "초집중"함으로 진리에 대한 확신으로 나아가야 합니다.

신앙생활의 위대한 목표는 꾸준한 끈기가 만들어낸다고 저는 확신합니다. 예수 그리스도 안에서 절대로 포기하지 말고 그분을 향한 추구를 하셔야 합니다. 그렇게 할 때에 구원의 실제화가 이루어지는 것입니다. 이 삶이야말로 그 어떤 삶보다 위대한 삶인 것입니다. 하나님은 신앙생활을 영위하기를 원하는 성도들에게 뚫고 들어오셨고, 그들의 심비에 하나님의 통치를 원하며 순종을 지향하는 열정을 심어 놓으신 것입니다. 그렇기 때문에 싸우라는 것입니다. 두려워 말고 싸워 이기라는 것입니다. 우리는 이기게 되어 있다는 것입니다. 자신의 불가능과 두려움을 내려놓고 위대하신 하나님의 주권을 인정하며 나아가라는 것입니다. 이러한 삶을 사는 자들이 의인이고 믿는 자들인 것입니다.

그러한 결단을 한 아브라함에게 자손을 주시겠다고 하십니다. 하나님은 하늘의 뭇별들을 보여주시면서 아브라함의 후손이 이와 같으리라고 축복하십니다. 아브라함은 그 말씀을 믿었습니다. 그리고 아브라함은 의롭게 된 것입니다.

창 15:5
5. 그를 이끌고 밖으로 나가 이르시되 하늘을 우러러 뭇별을 셀 수 있나 보라 또 그에게 이르시되 네 자손이 이와 같으리라

갈 3:16
16. 이 약속들은 아브라함과 그 자손에게 말씀하신 것인데 여럿을 가리켜 그 자손들이라 하지 아니하시고 오직 한 사람을 가리켜 네 자손이라 하셨으니 곧 그리스도라

하나님께서 주시겠다고 약속하신 자손이 누구라고 말합니까? 예수 그리스도라고 말합니다. 이 말은 예수 그리스도의 십자가로 말미암은 수많은 자손들을 주시겠다는 약속이었던 것입니다. 이 약속은 하나님께서 주권적으로

이루실 것입니다. 친아들 예수 그리스도 안에서 창조하실 것입니다.

성도들은 그리스도 예수 안에서 하나님의 자녀입니다. 그래서 성도라는 사람들은 하늘을 보며 삶을 살아내야 합니다. 즉 새 하늘과 새 땅에서 살 자들이라는 것입니다. 그러므로 성도들은 이 땅에서의 삶을 내려놓고 오직 하나님을 향한 열정을 담아 조금은 힘들고 어렵지만, 하나님 나라의 삶을 추구하며 삶을 살아내야 하는 것입니다. 그러한 삶을 살아내는 자들이 하나님을 상급으로 받아 영생을 누리는 진짜 성도들인 것입니다. 성도들은 이제 새로운 세계관과 가치관과 행동 양식으로 살아야 합니다. 이미 이긴 싸움을 믿음으로 싸워 나아가야 합니다. 우리의 방패요, 우리의 상급이신 하나님 앞으로 나아가며 "믿음으로 의롭게 된다."라는 이신칭의를 인정받은 자들은 반드시 그 진짜의 삶을 살아낼 것이라 확신합니다. 완성되어진 하나님 나라를 향하여 나아갑시다.

엘샤다이 코람데오

창 17:1-27

1. 아브람이 구십구 세 때에 여호와께서 아브람에게 나타나서 그에게 이르시되 나는 전능한 하나님이라 너는 내 앞에서 행하여 완전하라 2. 내가 내 언약을 나와 너 사이에 두어 너를 크게 번성하게 하리라 하시니 3. 아브람이 엎드렸더니 하나님이 또 그에게 말씀하여 이르시되 4. 보라 내 언약이 너와 함께 있으니 너는 여러 민족의 아버지가 될지라 5. 이제 후로는 네 이름을 아브람이라 하지 아니하고 아브라함이라 하리니 이는 내가 너를 여러 민족의 아버지가 되게 함이니라 6. 내가 너로 심히 번성하게 하리니 내가 네게서 민족들이 나게 하며 왕들이 네게로부터 나오리라 7. 내가 내 언약을 나와 너 및 네 대대 후손 사이에 세워서 영원한 언약을 삼고 너와 네 후손의 하나님이 되리라 8. 내가 너와 네 후손에게 네가 거류하는 이 땅 곧 가나안 온 땅을 주어 영원한 기업이 되게 하고 나는 그들의 하나님이 되리라 9. 하나님이 또 아브라함에게 이르시되 그런즉 너는 내 언약을 지키고 네 후손도 대대로 지키라 10. 너희 중 남자는 다 할례를 받으라 이것이 나와 너희와 너희 후손 사이에 지킬 내 언약이니라 11. 너희는 포피를 베어라 이것이 나와 너희 사이의 언약의 표징이니라 12. 너희의 대대로 모든 남자는 집에서 난 자나 또는 너희 자손이 아니라 이방 사람에게서 돈으로 산 자를 막론하고 난 지 팔 일 만에 할례를 받을 것이라 13. 너희 집에서 난 자든지 너희 돈으로 산 자든지 할례를 받아야 하리니 이에 내 언약이 너희 살에 있어 영원한 언약이 되려니와 14. 할례를 받지 아니한 남자 곧 그 포피를 베지 아니한 자는 백성 중에서 끊어지리니 그가 내 언약을 배반하였음이니라 15. 하나님이 또 아브라함에게 이르시되 네 아내 사래는 이름을 사래라 하지 말고 사라라 하라 16. 내가 그에게 복을 주어 그가 네게 아들을 낳아 주게 하며 내가 그에게 복을 주어 그를 여러 민족의 어머니가 되게 하리니 민족의 여러 왕이 그에게서 나리라 …………

인간도 할 수 있다고?

　예전에 유행하던 Gospel song이 많이 생각납니다. 저도 복음을 모르던 시기에는 마음의 여망을 담아 그 복음송들을 목 놓아 불렀습니다. 그런데 지금은 그 곡들의 가사를 복음의 관점에서 부르다 보니 더욱 하나님의 은혜를 누리기에 충분합니다.

　"나의 등 뒤에서, 할 수 있다 하신 이는 나의 능력 주 하나님, 전능하신 나의 주 하나님은" 등등의 곡들을 저는 금요기도회 또는 수많은 기도 모임과 예배 모임에 참석하여 부르면서 얼마나 눈물을 흘렸는지 모릅니다. 왜냐하면,

해도 해도 안 되는 나의 인생이 고달프고, 나의 기도 제목을 꼭 들어달라는 간절함이 있어서 그랬는지 몰라도 이 곡을 부를 때 눈물이 나곤 했습니다. 그런데 그것은 "나의 삶의 변화나 십자가의 삶을 살 수 있도록 해주시고 성숙으로 지어져가 자기 부인의 삶을 살게 해달라는 외침"이 아니라, 주님의 도움으로 세상에서 성공 한번 하겠으니 제발 좀 힘을 주시고 끌어주시고 밀어달라는, 하나님을 이용해 성공하도록 도와달라는 마음으로 하나님을 찾고 또 찾았습니다. 이렇게 보면 수많은 사람이 이 곡을 불렀을 텐데 그러한 여망을 담아 부르지 않았나라는 생각도 해봅니다. 이 노래를 부르는 목적이 그게 맞을까요?

인간들은 무엇엔가 목이 마를 때면 신을 찾곤 합니다. 그런데 그들이 신을 찾는 목적은 자신의 영화를 위해서이지 자기가 찾는 신의 영광을 위해서가 아니라는 사실입니다. 그렇게 신을 찾는 일련의 과정 중 하나가 문학작품을 통한 위로와 격려 그리고 감동이며 그것이 주는 교훈으로 인생을 살아보려 하고, 견디어 보려 하고, 위로받고 격려를 받으며 삶을 살아내려 합니다.

인간들은 태어나 살아가면서 수많은 질문을 하며 인생을 살아갑니다. 모두들 그렇습니다만 저도 제 짧은 인생 속에서 롤러코스터를 전용으로 갖고 있으면서 아주 많이 탔습니다. 그러면서 질문을 하기 시작하였습니다. 무엇을 하며 살 것인가? 그렇다면 무엇을 배우고 어떤 꿈을 꾸며 무엇을 욕망해야 하는가? 그렇게 욕망한 것을 이루었다면 어떻게 왜 살아야 하는가? 라는 것, 그리고 그렇게 죽음에 당도하는데 죽음은 무엇인가? 아, 죽기 전에 행복해야 하는데 그 행복은 어디서 올까? 등, 말도 못 할 만큼의 수많은 질문에 시달렸습니다.

나름 답을 얻고 싶어 문학에 심취하였고 특별히 고전문학에서 나의 삶의 모습을 찾아보고자 했던 적이 있습니다. 고전을 대한다는 것은 여행과 같습니다. 수많은 작가들의 작품을 보면 한 편의 연극과 같습니다. 물론 처음부터 연극 대본용으로 저술된 것도 있지만, 대부분의 작품을 무대를 바라보는 관객의 입장에서 읽어보면 참으로 재미있습니다. 그렇게 고전들을 읽으면서 나름 인생의 답을 물어보고 답을 얻은 것 같은 때도 있었습니다. 고전의 주인공들은 어떠한 해결책을 제시하는가에 대한 궁금증도 있었습니다.

 문학작품의 주인공들을 보면 그들에게서 인생의 답을 나름 구할 수 있습니다. 그런데 결과적으로 누구나 행복을 추구하지만 멋진 행복은 없습니다. 행복하다 한들 그것조차 영원한 것은 없습니다. 작품 속의 주인공들이 사는 것을 보면 우리와 진배없기에 물어보는 것입니다. 그들의 인생 속에 수많은 고난과 고통, 절망 등이 있지만 긍정과 부정을 오갑니다. 그럼에도 그들에게 질문하는 것은 한마디로 물을 곳이 없기에 질문하는 것일 것입니다. 그런데 놀라운 사실은 많은 작가들이 그리스도교도였다는 것입니다. 작품의 insight(통찰력)는 당연히 성경이었겠지요. 그래서 결론이 권선징악인 경우가 많이 있습니다.

 차치하고 인간들은 무엇인가에 의지하고, 무엇인가에 위로받고, 무엇인가를 해내고 싶어 하고, 그것들을 위해 긍정의 힘을 원합니다. 그러나 하나님은 인간들의 이러한 노력을 기각하시고 하나님의 은혜만이 그것을 가능하게 한다고 말씀하지만, 인간은 기어이 자신의 지혜와 힘을 이용하여 하나님의 은혜에 기여하려고 합니다. 이러한 모습이 가장 큰 인간의 죄악인 것입니다. 우리가 아브라함을 만났지만, 그가 바로 그러한 인간들의 모습을 적나라하게 보여주는 것을 봅니다.

그렇게 열심을 내어 주의 일을 하여 무엇인가 복을 받기를 원하는 것이 뭐가 잘못이냐고 할 사람도 있을 것입니다. 하나님을 도와 무슨 일을 하는 것이 왜 죄가 되느냐고 항변할 사람도 있을 것입니다. 하지만 하나님은 그러한 인간의 노력이 죄의 본질이라고 말씀하십니다. 이 세상의 그 어떤 존재도 하나님을 도와서 하나님 나라 완성에 기여를 한다는 것은 말도 안 되는 이야기인 것입니다. 계속해서 말씀드렸지만, 인간은 스스로의 노력으로 행복할 수가 없습니다. 오직 은혜로만 행복할 수 있는 것입니다. 인간들이 교만해서 모르는 것이 있는데, 인간은 하나님을 절대적으로 의존해야 하는 "하나님 절대 의존적 존재"인 것입니다.

제 손녀가 있는데 그 아이가 엄마 아빠의 손을 떠나 자기가 해보겠다고 나선다면 그 아기는 죽음입니다. 생존할 수가 없습니다. 그 아기는 엄마 아빠의 손에 의해 인도되고 성장하는 것입니다. 인간은 그와 같은 존재입니다. 퍽이나 잘난 것 같지만 인간은 하나님 앞에서 그렇게 연약한 존재인 것입니다. 아니 아무것도 아닙니다. nothing입니다.

해 아래 하나님의 것이 아니고는 새것이 없습니다. 그런데 교만한 인간은 아무리 하나님의 은혜만이 새롭게 한다고 말씀을 전해도 빛으로 소금으로 살아야 한다고 해도 요동치 않습니다. 그 교만한 자들이 인간들인 것입니다. 그래서 하나님은 창세전에 택한 하나님의 백성들을 향하여 성도들의 옳은 행실을 요구하시고 그들에게 "너희들은 새것"이라고 말씀하십니다. 그 하나님의 은혜에 의해 새것이 된 자들만이 그 말씀을 알아듣습니다. 그리고 그들만이 옳은 행실로 나아가는 것입니다.

이 세상은 부질없는 것들입니다. 진정 잠시 머무는 것

들입니다. 하나님을 모르는 인간들은 이 세상이 영원할 것 같다고 하면서 하나님의 권면에 콧방귀도 안 뀝니다. 하나님은 그들이 그렇게 영원할 것 같다고 하면서 사랑하는 이 세상을 불로 심판하시고 새로운 곳을 창조하셔서 하나님의 백성들에게 주십니다. 그들은 신앙생활이라는 새로운 삶을 통하여 옛것들을 하나하나 내려놓는 훈련을 하는 것입니다. 그러한 훈련을 통하여 새것을 소망하는 자들이 성도들인 것입니다. 해 아래 새것이 없습니다. 그것을 아는 자들은 하나님께 질문하며 답을 얻고 하나님을 목적 삼아 살아갑니다. 성도들의 목적은 오직 하나님입니다. 그분만이 오직 길이라는 사실을 믿기 때문입니다.

전 1:8-10

8. 모든 만물이 피곤하다는 것을 사람이 말로 다 말할 수는 없나니 눈은 보아도 족함이 없고 귀는 들어도 가득 차지 아니하도다 9. 이미 있던 것이 후에 다시 있겠고 이미 한 일을 후에 다시 할지라 해 아래에는 새 것이 없나니 10. 무엇을 가리켜 이르기를 보라 이것이 새 것이라 할 것이 있으랴 우리가 있기 오래 전 세대들에도 이미 있었느니라

"there is nothing new under the sun" 그것을 아는 성도들은 불타버릴 이 세상을 바라보던 눈을 하나님 나라로 돌려 하나님께서 허락하시는 새 하늘과 새 땅만을 바라보며 소망으로 나아가는 것입니다.

아브라함은 하나님과 언약을 하였고 그 언약현장에 하나님께서 현현하셨습니다. 그리고 홀로 쪼갠 고기 사이를 지나가셨습니다. 이는 하나님의 백성들은 오직 하나님의 은혜로만 완성된다는 것을 보여주는 것이었습니다. 이러한 언약을 보고도 인간들은 하나님이 아닌 자신들의 지혜와 세상의 힘을 내어놓아, 하나님의 은혜 앞에 우리도 같이 노력해보겠노라고 합니다. 아브라함은 하나님께서 은혜를 베푸시는 내내 자신의 방법으로 무엇인가를 하겠다고 하면서 자신의 것을 내놓는 죄인의 모습을 보여줍니다. 물론 아브라함의 노력이 뭐 그리 잘못되었냐고 반문할 수도 있습니다.

그런데 죄가 무엇입니까? 하나님의 은혜를 훼손하는 것입니다. 그러니까 "인간도 할 수 있다는 것"이 죄입니다.

하나님께서 하시는 일에 도움도 되어드리고 힘도 써서 길을 내겠다는 것입니다. 그러나 인간은 하나님의 은혜에 아무것도 보탤 수도 없고, 그것을 내어놓음으로 행복에 도달할 수가 없습니다. 우리는 죄와 허물로 죽었던 자들입니다. 그렇기 때문에 죄에 대한 감각이 없고, 하나님을 부인하고 제멋대로 살아보겠다고 하는 것입니다. 이것이 죄입니다. 성경에서 말씀하는 유일한 죄가 그것입니다. 앞에서도 말씀드렸지만, 인간은 하나님 절대 의존적 존재이기에 그분의 은혜로만 살아가야 합니다. 하나님 앞에서 인간은 갓난아이와 같은 존재이기에 그분만 의존해야 합니다. 그런데 그 갓난아이가 아빠의 일을 도와 무엇인가 도모하겠다는 것은 아빠의 일을 훼방하는 것밖에 안 됩니다.

신앙생활과 자기부인

신앙생활은 "인생 내내 하나님 없이 자신이 노력하여 살아본 인생이야말로 정말 불가능함을 인식하고 하나님의 크심을 인정하는 과정"인 것입니다. 그 과정 속에서 하나님은 그분의 존재를 실감하게도 하시고, 하나님 없음의 인생이 얼마나 위험하고 목마른지를 깨닫게 하는 것입니다. 하나님은 우리가 생각할 수 없을 정도로 크신 분이시기에 결코 인간들의 도움으로 그 어떤 일도 하시지 않습니다. 하나님은 그러한 인간들이 신앙생활을 통하여 자신들의 가능성을 내려놓게 하시고, 자신들의 능력이라는 것들이 얼마나 허무한지를 깨닫도록 하셔서, 하나님께서 공급하시는 복으로만 행복에 도달할 수 있으며 행복하게 살 수 있다는 것을 알려주시며 역사를 이끌고 계신 것입니다. 우리 인생의 목표는 오직 하나님인 것입니다. 그렇기에 하나님은 창세전에 택한 하나님의 백성들에게 그분의 생명력을 공급하셔서 순종하는 삶으로 이끄시며 그 나라 백성으로 완성시키시는 것입니다.

그러한 하나님의 은혜에도 불구하고 인간들은 하나님의 방법을 원하는 것이 아니라 죽을 때까지 인간의 방법을 하나님 앞에 내놓으려 합니다. 구원받은 성도들이 할 일이 무엇입니까? 자신들의 능력으로 무엇인가 하나님 앞에 내어놓으려 하고 스스로 행복에 이르려는 방법을 찾고 그 방법으로 행하는 것이 죄임을 알기에, 성도는 구원의 감격을 가지고 예수 그리스도 안에서 그분과 연합된 삶을 살아내며 자기를 부인하는 삶을 지향해야 하는 것입니다.

인간의 노력은 모두 죄악이요, 불순종이며 육욕의 산물입니다.

창 17:18-19

18. 아브라함이 이에 하나님께 아뢰되 이스마엘이나 하나님 앞에 살기를 원하나이다 19. 하나님이 이르시되 아니라 네 아내 사라가 네게 아들을 낳으리니 너는 그 이름을 이삭이라 하라 내가 그와 내 언약을 세우리니 그의 후손에게 영원한 언약이 되리라

아브라함은 하나님의 은혜를 뒤로하고 자신이 생산한 것만이 행복의 길이라고 하면서 육신의 산물을 자꾸 내놓으려 합니다. 하나님은 당신의 뜻과 계획을 작정하시고 육욕의 산물들이 행복이라고 말하는 아브라함에게 단호하게 '아니라'고 말씀합니다. 아브라함에게 보이는 것은 하나님의 은혜가 아니라 끝까지 자신의 몸에서 태어난 육욕의 산물인 이스마엘이라는 육의 소산입니다. 이에 하나님은 그것이 '아니라'고 하십니다. 이스마엘을 생산하고 나서 무려 13년 동안 하나님의 침묵이 있었음에도 이제 그것은 아니었다고 할 법도 한데 그렇지가 않습니다. 이것은 자신이 먼지임을 망각한 모습인 것입니다. 하나님께서 13년간 나타나지 않으셨음을 알면서 끝까지 자신의 노력을 포기하지 못하는 정신 나간 모습입니다. 이것이

저와 여러분, 즉 구원받은 개차반들의 행위입니다.

 아브라함이 그러한 상황에서 내놓은 것은 조카인 롯과 그의 종 엘리에셀, 그리고 자신의 종에게서 생산한 이스마엘이 전부입니다. 하나님은 그들은 언약의 자손이 아님을 말씀하시며, 인간이 피와 땀으로 힘을 모아 내놓은 것들 모두가 육신의 방법이며 그것으로 결코 행복에 이를 수 없음을 말씀하고 계신 것입니다.

 본문을 보면 "내가"라는 단어가 일곱 번 서술되어 있습니다. 내가는 하나님 자신을 가리키는 단어입니다. 그런데 강조된 이유가 무엇일까요? 간단합니다. 아브라함의 인생과 그 과정에 있어서 일어나는 모든 일은 하나님께서 홀로 완성하시겠다는 말씀인 것입니다. 그러므로 너희들은 너희들의 꼼수와 힘을 이용하여 세상 것들을 들이대며 그것이 행복이라고 말하지 말라는 것입니다. 하나님은 아브라함에게 13년 만에 나타나셔서 말씀하십니다.

 창 17:1

1. 아브람이 구십구 세 때에 여호와께서 아브람에게 나타나서 그에게 이르시되 나는 전능한 하나님이라 너는 내 앞에서 행하여 완전하라

하나님은 단호하게 너는 나의 전능을 의지하라고 합니다. 여기에서 "전능한 하나님"이라고 말씀하시는데 히브리어 "엘샤다이"입니다. 엘샤다이는 "하나님"이라는 "엘"과 "능력자, 충만케 하는 자"라는 "샤다이"의 합성어입니다. 그러니까 엘샤다이는 "모든 것을 가능케 하시고 능력으로 충만케 하시는 분"이라는 뜻이 되는 것입니다.

정말 어마어마한 말씀입니다. 하나님은 그 어떤 것으로도 약속의 자손은 태어날 수 없고 오직 하나님의 능력과 은혜로만 태어난다고 하시면서 "너는 나만 의지하라"고 말씀하시는 것입니다. 이것은 아브라함에게 믿음을 요구하시는 것입니다. 즉 전능하신 하나님만을 믿고, 자기를 부인하고, 그분의 뜻에 순종하라는 것입니다. "무장을 해제하라"고 촉구하시는 말씀인 것입니다.

성도는 오직 하나님의 은혜로만 탄생되는 것입니다. 인

간이 행복을 누릴 수 있는 곳으로 옮겨지는 것은, 인간이 자신의 능력으로 온 힘을 발휘하여 세상의 것을 내어놓아 행복해진다는 것은, 절대로 불가능하다는 것입니다. 성경의 수신자인 교회는 항상 하나님의 말씀에 귀를 기울여야만 합니다. 말씀은 교회들의 무장해제를 요구합니다. 인간은 자신들의 업적과 열심 등, 자신의 능력으로 무엇인가를 내어놓아 결코 행복에 도달할 수 없다는 것을 인정하고 하나님의 은혜인 십자가 뒤로 숨어야 하는 것입니다.

그러나 참된 행복을 모르는 인간들은 세상의 힘과 방법을 사용하여 자신이 원하는 행복에 스스로 도달하려 합니다. 그러한 노력은 사망의 길인 것입니다. 참된 행복이라는 것은 오직 하나님으로만 가능하다는 것입니다. 그렇게 자신의 수단을 활용하여 행복에 도달하려는 인간들은 자기를 부인하지 않는다는 것입니다. 자기가 부인되지 않는 아브라함의 방법과 수단은 자신의 여종인 하갈과 이스마엘이었던 것입니다.

하나님을 믿지 못하는 인간들이 행복과 만족에 이르기

위하여 스스로 하나님께 도전장을 내밀며 반란을 일으키는 사건의 시작은 선악과 사건이었습니다. 인간 자신이 스스로 선악을 판단하고 분별하겠다는 것은 하나님께 도전하는 것입니다. 그러한 도전은 율법 지킴으로 이어집니다. 율법을 지킴으로 자기의 의를 내어놓아 행복에 이를 수 있다고 하는 것입니다. 그러나 그것은 실패입니다. 하나님은 진정한 행복에 도달할 수 있는 것은 너희의 노력이 아니라 오직 하나님의 은혜로만 가능하다고 하시는데 아브라함은 계속해서 선악과를 내 놓으며 아담의 죄악을 반복하고 있는 것입니다.

우리 성도라는 사람들의 모습을 보십시오. 무엇인가 이루어보겠다고 하나님의 작정에 순종하지 않고 자신의 노력으로 세상의 것을 잡으려고 달려가지 않습니까? 죽도록 노력하며 힘을 다해 세상으로 달려가면 죽는 것입니다. 죄의 삯은 사망이니까요. 인간들이 세상 것을 잡으려고 달려가는 모습은 주광성을 가진 불나방과 같습니다. 불나방의 모습은 정확하게 죄인들이 죄를 향하여 가는 모습과 같습니다. 불나방의 모든 구성요소는 자연스럽게 불을 향하도록 되어 있다는 것입니다. 그와 같이 우리는 언제든지 그리로 향할 준비를 하고 있다는 것을 잊어서는 안 됩니다. 능력의 하나님께서 붙잡고 계시지 않는다면 우리는 사탄의 유혹으로 말미암아 세상을 향하여 달려갈 가능성이 있는 존재인 것입니다. 그렇기 때문에 하나님께서 잡고 계심에 감사하며 감격해야 하는 것입니다. 구원의 감격과 감사가 있는 자들은 자기부인을 격발하는 것입니다.

인간의 죄악이란?

"성경은 인간들이 왜 그렇게 자신들의 힘과 세상 것을 내놓으며 하나님의 은혜를 거부하는 것인가?"라는 질문에 "인간은 죄와 허물로 이미 죽어 있기 때문"이라고 했습니다. 하나님은 그러한 감각 없는 자들을 구원하셔서 하나님의 백성으로 끌고 가시는 것입니다. 그렇다고 그렇게 구원받은 자들이라고 해서 죄를 짓지 않습니까? 자신을 보십시오. 개차반처럼 그렇게 살고 있지 않습니까? 우리는 구원 받은 자들로서 죄에 대한 것을 확인하고 가야 합니다.

엡 2:1

1. 그는 허물과 죄로 죽었던 너희를 살리셨도다

  성경은 인간을 죄와 허물로 죽었다고 말씀합니다. 여기에서 "죄"라고 할 때에 그 죄는 단순히 도덕이나 윤리, 그리고 사회법적 사건화된 것들을 위반한 것을 이야기하는 것일 뿐만 아니라 온전히 하나님 절대 의존적 존재로서 창조되어진 인간들이 하나님이 아닌 "자신의 주장과 자신을 숭배하고 자아를 실현하며 확장하는 삶"을 추구하는 것을 죄라고 하는 것입니다. 그러니까 "하나님 숭배"인가, "자아숭배"인가입니다. 그러므로 죄 가운데에서 살리셨다는 것은 그러한 자아숭배로의 추구를 멈추고 자기가 부인되는 자리로 내려가는 것을 말씀하는 것입니다.

  그러한 측면에서 보면 예수를 믿는 성도라고 하는 사람들은 죄가 없어야 하는데, 여전히 죄를 밥 먹듯 짓는 자들이 많다는 것입니다. 여러분이 살아보아서 알겠지만, 성도 자신들의 삶 속에서 이미 증명되고 있는 것 아닙니까? 무슨 말씀이냐 하면 그 죄의 세력이라고 하는 것이 구원받고 예수를 믿는다고 해서 나타나지 않는 것이 아닙니다. 제가 여러분의 삶에 죄가 나타나고 있지 않느냐고 설득하는 것이 아니라 살아보아서 알지 않습니까?

사도바울은 의인은 없나니 하나도 없다고 했습니다.

롬 3:10-25
10. 기록된바 의인은 없나니 하나도 없으며 11. 깨닫는 자도 없고 하나님을 찾는 자도 없고 12. 다 치우쳐 함께 무익하게 되고 선을 행하는 자는 없나니 하나도 없도다

그리스도인들에게 술이라는 것이 때에 따라 정죄의 대상이 되곤 합니다만, 제가 성경을 보는 관점에서는 술 먹은 것은 죄가 아니라는 것입니다. 노아가 술 먹고 추태를 부렸다고 성경에서 책망하는 것 보셨습니까? 오히려 당대에 "완전한 자"라고 말씀합니다. 물론 술이라는 것은 인생에 해악을 많이 끼치는 것이 사실입니다. 그런데 최근에는 왠지 모르게 술에 대한 관대함이 있습니다만, 어떤 분들은 성도가 술을 마셨다고 하면 정죄를 합니다. 그러

한 정죄의 모습들은 인간의 교만에서 오는 것들이므로 죄입니다. 우리가 알다시피 예수를 믿는다는 것은 그분의 십자가로 말미암아 모든 죄로부터 온전하고도 완전하게 벗어난 존재가 된다는 것을 말하는 것입니다. 뭐 이런 것을 참고해도 좋을까 싶은데 종교개혁을 하여 개신교를 연 루터는 술고래였고, 스펄전은 골초였습니다.

 이렇듯 목사를 떠나 성도라고 하는 사람들의 삶에 안타깝게도 여실히 죄가 보인다는 것입니다. 제가 여러 번 말씀드리지만 살아보았지 않습니까? 그 살아봄에서 경험되어지는 것들로 증명이 되는 것입니다. 성도가 예수를 소위 "강력하게 믿고 있다"고 해도 그것은 사라지지 않는 것입니다. 성도라는 사람들은 이 세상에 살고 있고, 이 세상에서 그 삶을 살아낼 때에 죄 가운데 있음을 부인할 수 없습니다. 이러한 부분을 사도바울이 로마서에 기술하기를 7장에는 성도들이 죄 가운데 있으며 그 강력한 죄의 역사가 계속된다고 말하며 성도의 실상을 보여줍니다. 로마서 6장까지를 보면 인간의 보편적인 죄들을 말하며 그 해결책은 하나님의 은혜라고 합니다. 그런데 7장은 예수 그리스도의 이름으로 죄를 해결했다고 하는 성도라는 사람들에게서 나오는 죄에 대하여 말합니다. 사도바울은 자신이 선을 행하기를 원하는데, 그 선이 나오지 않고 악이 나온다는 것을 말하며 성도의 현실을 폭로합니다.

롬 7:15-23

15. 내가 행하는 것을 내가 알지 못하노니 곧 내가 원하는 것은 행하지 아니하고 도리어 미워하는 것을 행함이라 16. 만일 내가 원하지 아니하는 그것을 행하면 내가 이로써 율법이 선한 것을 시인하노니 17. 이제는 그것을 행하는 자가 내가 아니요 내 속에 거하는 죄니라

18. 내 속 곧 내 육신에 선한 것이 거하지 아니하는 줄을 아노니 원함은 내게 있으나 선을 행하는 것은 없노라 19. 내가 원하는 바 선은 행하지 아니하고 도리어 원하지 아니하는 바 악을 행하는도다 20. 만일 내가 원하지 아니하는 그것을 하면 이를 행하는 자는 내가 아니요 내 속에 거하는 죄니라 21. 그러므로 내가 한 법을 깨달았노니 곧 선을 행하기 원하는 나에게 악이 함께 있는 것이로다 22. 내 속사람으로는 하나님의 법을 즐거워하되 23. 내 지체 속에서 한 다른 법이 내 마음의 법과 싸워 내 지체 속에 있는 죄의 법으로 나를 사로잡는 것을 보는도다

와~! 그런데 어쩌면 이렇게 제 마음과 같습니까? 여러분은 그렇지 않은가요? 고개 숙이고 있을 것이 아니라 생각해 보세요. 살아보셨고 경험했잖아요. 그런데 그것을 인간은 인정하지 않습니다. 자기가 얼마나 추악한 죄인임과 구원받았다고 하면서 개차반으로 산다는 것을 깨닫지도 못하고 인정하지도 않는다는 것입니다. 이것이 성도라는 사람들의 실존입니다. 그런데 창세전에 택함을 받은 하나님의 백성은 믿음으로 말미암아 자신의 실존을 보고 실상을 보게 되어 강력하고 놀라운 고백을 한다는 것입니다.

롬 7:24
24. 오호라 나는 곤고한 사람이로다 이 사망의 몸에서 누가 나를 건져내랴

이 고백이 있는 자가 성도입니다. 그는 예수 그리스도로 말미암아 하나님께 찬양과 감사를 드릴 수 있는 것이고, 그 모습이 죄에서 자유를 얻는 자의 모습이라는 것입니다. 우리는 자신의 노력으로 죄의 속삭임에서 벗어날 수가 없습니다. 예수 그리스도의 능력으로 말미암은 은혜

만이 그 죄를 해결하는 것입니다. 그렇기 때문에 오직 예수 그리스도만 의지하고 그분의 은혜만이 죄에서 벗어날 수 있다는 "은혜의 필연성"에 대한 자각이 필요합니다. 그렇게 할 때 하나님의 은혜만을 의지하게 되는 것이고 그것이야말로 "하나님 절대 의존적 존재"의 올바른 삶인 것입니다.

이와 같이 예수 그리스도의 십자가의 능력으로 말미암은 은혜는 너무도 풍성하며 성도가 신앙을 고백할 때마다 그곳에서 하나님 나라가 펼쳐지는 것입니다. 그분의 은혜만을 의지하면, 우리는 결코 정죄함이 없는 자들로서의 삶을 살아내는 것이고, 계속되는 그 삶에서 예수 안에 있는 자로서 새 생명을 얻은 모습으로 선명하게 보여질 것입니다. 이 모습이 하나님의 은혜가 나타나는 현장의 모습이고 "성도의 선명성"입니다.

사도가 죄를 언급하는 모습은 여러 가지 의미를 내포합니다. 그것은 "인간은 죽을 수밖에 없는 죄인이다."라고만 말하는 것이 아니라 인간의 존재와 그 존재 의미, 그리고 놀랍고 크신 하나님의 은혜와 그 받은 은혜를 드러내는 것은 무엇인가 등, 여러 상황들, 즉 죄를 지을 때마다 그 죄에 대하여 여러 의미를 언급 하고 있는 것을 볼 수 있습니다.

예수를 믿는 성도들은 분명 예수 그리스도의 십자가로 하나님과 화목하게 되었습니다. 그런데 우리의 삶을 보면 여전히 예수 없이 살던 모습이 존재한다는 것입니다. 그러한 삶은 죄에 이끌려 육신의 모습을 따라 사는 삶인 것입니다. 그런 면에서 성도라고 할지라도 하나님의 병기가 되어 하나님을 섬기며 그분의 영광이 되는 방향으로 스스로의 노력으로 돌아갈 수 없는 것입니다. 참으로 어렵습니다. 이것을 어떻게 해야 합니까? 인간은 그 무엇도 스스로의 능력으로 그분의 영광을 위한 길로 방향을 틀수도 할 수도 없는 것입니다. 즉 인간 측에서 할 수 있는 것이 없다는 것입니다. 그 어떤 것도 말입니다.

그렇게 할 수 있는 방법을 인간은 알 수 없기에 하나님은 그분의 은혜로 성령을 보내셔서 일하십니다. 우리 안에 보내신 예수 그리스도의 영인 성령의 능력으로 삶을 살게 하시고, 그분의 생각으로 나아가게 하시며, 하나님만을 소망하게 하시는 것입니다. 그래서 성도는 그리스도의 영이 있는 그리스도의 사람이고 그 누구든지 그리스도의 영이 없으면 그분의 사람이 아니라(롬 8:9)고 기술하고 있는 것입니다.

자신이 성도라고 한다면 그는 성령의 능력으로 아들을 보내셔서 사망 가운데 있는 자들을 살리신 하나님의 은혜와 사랑을 누리게 되고 하나님을 아바 아버지라고 부르며(롬 8:5), 사랑과 은혜의 힘으로 그리스도의 고난에 기꺼이 참여하고(롬 8:17), 장차 나타날 영광과 비교할 수 없기에 고난 가운데 전혀 낙심치 않습니다(롬 8:18). 이 모든 것은 그리스도의 영인 성령의 능력으로 할 수 있습니다. 그 능력으로 나타나는 하나님의 사랑은 그 어떤 것으로도 끊을 수 없고 끊어지지도 않습니다.

롬 8:35-39

35. 누가 우리를 그리스도의 사랑에서 끊으리요 환난이나 곤고나 박

해나 기근이나 적신이나 위험이나 칼이랴 36. 기록된 바 우리가 종일 주를 위하여 죽임을 당하게 되며 도살 당할 양 같이 여김을 받았나이다 함과 같으니라 37. 그러나 이 모든 일에 우리를 사랑하시는 이로 말미암아 우리가 넉넉히 이기느니라 38. 내가 확신하노니 사망이나 생명이나 천사들이나 권세자들이나 현재 일이나 장래 일이나 능력이나 39. 높음이나 깊음이나 다른 어떤 피조물이라도 우리를 우리 주 그리스도 예수 안에 있는 하나님의 사랑에서 끊을 수 없으리라

성도와 함께하는 그리스도의 영은 성도의 믿음을 보여 줍니다. 그 믿음은 하나님과의 화목의 관계인 것입니다. 우리는 늘 죄악 속에 있습니다. 그러나 하나님의 능력으로 하나님과 화목의 관계가 된 것입니다.

완전하라

인간 중에 하나님의 은혜가 아니고는 완전하게 될 자와 완전하게 될 수 있는 자는 아무도 없습니다.

창 17:1
1. 아브람이 구십구 세 때에 여호와께서 아브람에게 나타나서 그에게 이르시되 나는 전능한 하나님이라 너는 내 앞에서 행하여 완전하라

하나님은 "엘샤다이"라고 하시면서 능력의 하나님이신 자신이 너의 후손을 탄생케 한다고 말씀하십니다. 이 말씀은 '너는 나만 의지하라'는 말씀인 것입니다. 성도는 이

믿음을 촉구하시는 하나님의 음성을 들어야 합니다. 성도는 전능하신 주 하나님을 믿고 그 앞에서 자기를 부인하며 하나님만이 능력이시라는 것을 인정하며 순종하는 자로 삶을 살아내어야 하는 것입니다.

고후 12:9

9. 나에게 이르시기를 내 은혜가 네게 족하도다 이는 내 능력이 약한 데서 온전하여짐이라 하신지라 그러므로 도리어 크게 기뻐함으로 나의 여러 약한 것들에 대하여 자랑하리니 이는 그리스도의 능력이 내게 머물게 하려 함이라

사도바울은 자신의 모습을 보면서 하나님의 능력이 어떻게 역사하시는지를 말합니다. 그러면서 하나님의 능력이 자신의 삶에서 어떻게 역사하시는지를 알려줍니다. 우리는 우리 스스로의 능력을 발휘하여 행복을 쟁취할 수 없다는 것입니다. 그러한 시도를 중단하고 자신의 불가능함과 무력함을 인정하는 자기부인을 하고 그분만을 의지하라는 것입니다. 그렇게 할 때 우리는 온전하여질 수 있다는 것입니다. 그 말씀이 바로 전능한 하나님 앞에서 완

전하라고 하신 말씀입니다.

우리는 "완전하라"는 말씀을 이 세상에서의 윤리와 도덕적이나 법적인 관점에서 이해하는 경향이 다분합니다. 왜냐하면, 교회에서 그렇게 배워왔기 때문입니다. 그런데 인간 중에 윤리와 도덕적 부분이나 사회법적인 관점에서 완전하게 지킬 사람은 단언컨대 한 사람도 없을 것입니다. 그래서 하나님은 너의 행위를 내놓지 말고 나의 은혜를 받아들이라고 하시는 것입니다. 그것을 사도바울이 "약할 때 강함 된다"고 고백한 말씀의 진의이고, 그것이 완전함인 것입니다.

"완전함"이라는 말이 성경에서 처음 쓰인 곳은 하나님께서 노아를 완전한 자라고 부른 곳입니다.

창 6:9
9. 이것이 노아의 족보니라 노아는 의인이요 당대에 완전한 자라 그는 하나님과 동행하였으며

노아는 하나님께 "완전한 자"라고 칭찬을 받았습니다. 앞에서 잠깐 술에 대하여 말씀드렸는데 노아는 술 취해 개차반처럼 살았습니다. 좋게 이야기해서 벌거벗고 잠을 잤다고 하지, 술을 벌거벗고 잠을 잘 정도로 마셨다면, 소위 필름이 끊기고, 인사불성으로 이미 개가 되었을 정도일 것입니다. 그런 그에게 "완전한 자"라니요? 말이 됩니까? 이 칭찬은 인간의 윤리와 도덕을 칭찬하는 말씀이 아니라 노아의 믿음을 칭찬한 것입니다.

노아는 하나님의 명령에 따라 비도 오지 않고 비가 올 생각도 안 하는 하늘을 보면서도 산 위에서 배를 지으라 하니까 그냥 순종했습니다. 노아도 사람인데 자기 의견쯤은 내놓아야 하는 것 아닙니까? 그런데 그가 무조건 순종했습니다. "별 미친놈이 다 있지, 벌건 대낮에 비가 올 기미도 안 보이는데 그것도 바닷가나 강가에서 배를 지으면 몰라도 높은 산꼭대기에서라니." 그런데 그렇게 하나님의 말씀에 순종하자마자 어떤 일이 일어납니까? 동네 아무개들의 개 같은 소리가 들리기 시작했다고 합니다. 그것을 좋은 말로 조롱과 조소, 비난이라고 합니다. 별소리 다

들었을 것이지만 노아는 이에 반응하지 않고 하나님의 말씀에 순종한 것입니다. 이것이 하나님 앞에 약한 자의 모습이며 약할 그때에 강한 자의 모습인 것입니다. 그래서 하나님께서 노아를 완전한 자라는 칭찬한 것입니다.

하나님 앞에서의 온전함이 무엇인지 이해가 가십니까? 우리의 의견도 있고 우리도 행할 수 있고 생각할 수도 있습니다. 하나님의 말씀이 말이 되지 않습니다. 그러나 자신의 모습을 부인하고 하나님의 완전하심에 우리의 몸을 맡기는 약함과 홀가분한 자유가 우리를 완전하게 하는 것입니다. 그래서 하나님은 "완전하라"고 하신 말씀 앞에 수식어를 붙이는데 "내 앞에서 행하여"라고 말씀하시는 것입니다. 이 말은 "절대자에게 완전한 충성을 맹세할 때" 쓰는 고대 관용구입니다. 아브라함에게 너는 나에게 완전한 순종을 하라는 것입니다. 이는 그 충성으로 완전함을 이끌어내시겠다는 하나님의 말씀인 것이고, 아울러 아브라함을 이끌고 가 반드시 완성시키겠다는 신실하신 하나님의 결연한 의지를 드러내는 말씀이신 것입니다.

하나님을 목적으로 집중 "디오코" 하라

　세계적으로 존경받는 천재적인 과학자들이 있습니다. 그들은 어마어마한 업적을 남겼습니다. 그런데 그들이 그러한 업적을 남기기 위한 특별한 연구법이 없었다는 것입니다. 그러면 어떠한 특별한 연구법으로 그러한 업적을 남겼을까요? 그들은 남들이 할 수 없을 정도의 집중을 했다는 것입니다. 어떠한 문제에 대하여 의문을 가지면 그것에 집중하고 또 집중하여 그러한 결과를 만들어 냈다는 것입니다. 집중 외에 다른 지적 능력으로 그것을 이룰 수는 없었을 것이라는 것입니다.

실제로 천재적인 사람들은 탁월한 재능보다는 문제와 의문에 혼신의 집중을 한다고 합니다. 그러니까 천재든 범인이든 모두가 이러한 집중을 하게 되면 누구든지 그러한 업적을 만들어 낼 수 있다는 것을 말합니다. 물론 지적 능력 차이는 있겠지만 정확한 것은 그들이 극도의 집중적 사고를 하면서 남다른 열정으로 그러한 업적을 이루었다는 것입니다.

우리가 잘 아는 만유인력을 발견한 뉴턴의 전기를 읽어보면 만유인력의 법칙을 어떻게 발견했느냐고 질문을 하니까 그는 "내내 그 생각만 하고 있었다."고 했습니다. 참으로 단순한 대답입니다. 그런데 그 대답에 핵심적인 요소가 담겨 있다는 것입니다. 뉴턴의 말을 되새기면 일반적으로 집중하지 않는 사람들과 달리 집중하는 사고가 있었다는 말이 되는 것입니다.

뉴턴의 전기 "천재"라는 책을 보면 뉴턴의 집중적 사고가 남다르다는 것을 발견합니다. 그는 문제를 제시하고 의문이 생기면 밥 먹는 것과 잠자는 것도 잊어버려서 그가 남긴 음식 때문에 기르던 고양이가 살이 쪘다고 합니다. 그리고 밤을 새워도 밤을 새운 것을 몰랐을 정도였다고 합니다. 나이가 들어서도 식사를 하려면 30분 전부터 알려주어야 했고, 책을 보는 것 때문에 식사하는 것을 잊어버렸으며 저녁 식사로 주어진 음식을 아침 식사로 먹는 일이 흔했다고 합니다. 이러한 뉴턴의 집중은 그 의문이 풀릴 때까지 몇 주, 몇 달, 몇 년간 계속되었다고 합니다.

저는 이것을 보면서 성도가 '내 앞에서 행하여'라는 말씀을 행하기 위하여 하나님께 집중하는 것이 필요하다는 생각을 했습니다. "하나님을 목적으로 하나님께 집중한다면…"이라고 하면서 집중에 대하여 다시 한번 생각하게 되었습니다. 하나님을 목적으로 하나님께 집중을 하면 성도의 모든 삶이 달라질 것이라는 것입니다. 집중을 하면 그 집중하는 것 외의 것들은 관심이 없어집니다. 하나님의 말씀에 집중하면 삶에 변화가 일어날 것이라는 것입니다. 성도는 하나님께 집중하여 온전함으로 지어져가는 삶을 살아내어야 합니다. 그 집중으로 말미암아 하나님 외에 다른 것들이 중요하게 여겨지지 않고 초개와 같이 버려져서 하나님과의 만남만이 우선되는 놀라운 삶을 살아낼 수 있을 것입니다. 취미나 여가도 중요합니다. 그러나 하나님께 집중하면 그러한 것들에 대한 관심이 시들해질 것이라 것입니다.

예수를 믿는다는 사람들을 보면 복음에 집중해야 할 주일이면 교회에서 수많은 모임을 하고 회의를 하고 교제를 합니다. 그런데 그곳에 예수 그리스도가 없다는 것입니다. 친교단체가 되어버려 예수 그리스도를 잊고 그 친교에만 집중하여 매달리는 것입니다. 교회들을 보면 큰 건물에 장로실, 권사회실, 안수집사실, 전도회실 등, 모든 모임에 방을 하나씩 배정하여 그들의 모임을 돕습니다. 그들 모임의 임원들은 매 주일 회원들을 관리하며 회비를 걷고, 세상에서 계를 하듯 자신들만의 룰(회칙)이 있습니다. 이번 주에는 무엇을 해야 그들과 친해질 수 있을까를 고민하고, 매 주일이면 밥 먹는 모임이 왜 그렇게 많은지 모르겠습니다. 그 방들에 예수는 없습니다. 오가는 이야기들이 대부분 자신들이 지내는 이야기들을 하는 사랑방이 되어버린 것입니다.

엘샤다이 코람데오

어떤 목사님은 "항상 먹여라, 쉬지 말고 먹여라, 범사에 먹여라"라고 하는 것을 보았습니다. 이런 우스갯소리를 목회의 중요한 과제로 여기는 사람도 있습니다. 제가 큰 교회에서 목회를 한 적이 있습니다만, 교회 주변 상가에 가서 주인에게 물어보면 일요일에 매출을 올리는 것이 한 주간 매출의 3분의 2나 되는 곳도 있다고 했습니다. 모 대형교회 주변에 "파리바게뜨"가 있는데 전국에서 가장 많은 매출을 올리는 가게였습니다. 이유인즉 대형교회가 주일에 쓸 간식거리를 그 가게에서 사가는 통에 그렇다고 하고, 빵을 많이 팔아주니 그 주인이 결국 전도되어 교회에 출석하고 있다고 합니다.

서강대교 남단에 빵집 하나가 있습니다. 저는 가끔 그곳에서 커피를 주문하여 마시곤 하였습니다. 처음에 별다른 음악도 없었고 단지 그 옆 큰 교회 다니는 사람들이 많이 와서 북새통이었습니다. 그런데 어느 날인가부터 그 가게에서 음악이 흘러나왔습니다. 저는 그 음악을 듣고 깜짝 놀랐습니다. 찬송가와 복음성가였습니다. 그것도 마케팅이려니 하지만 이제 완전히 그 큰 교회의 까페가 되어 토요일과 일요일이면 매출이 어마어마하다는 소리를 옆 편의점 알바로부터 들었습니다.

또 교회적으로도 예수 그리스도를 올바로 전하는 것이 아니라 프로그램을 돌리는 것으로 사명을 다했다고 하고, 그 프로그램이 조금 원만히 이루어지면 교회가 부흥한 것처럼 성과라고 내세웁니다. 이것은 교회의 지향점이 아닙니다. 교회는 하나님을 목적으로 복음에 집중해야 하는 공동체입니다.

우리는 목적을 하나님의 영광에 두고 계속해서 예수 그리스도에 집중해야 합니다. 하나님께서 모든 것을 은혜를 주시고 완성으로 이끄신다고 해서 성도가 두 손 두 발 다 짱박고 있으라는 것이 아닙니다. 하나님께서 언약하셨지만 분명 그 언약의 대상들은 반응을 수반해야 하는 것입니다. 하나님을 목적으로 집중하는 "엘샤다이 코람데오"의 삶을 풍성하게 해야 하는 사람들이 성도들인 것입니다.

본문에 하나님의 언약은 하나님으로부터 아브라함에게

로 내려옵니다. 그때는 받기만 하면 되는 것이었습니다. 그런데 본문 9절은 아브라함으로부터 하나님에게로 역류하는 모습으로 나타나고 있습니다.

창 17:9
9. 하나님이 또 아브라함에게 이르시되 그런즉 너는 내 언약을 지키고 네 후손도 대대로 지키라

하나님의 명령이 무엇입니까? '대대로 지키라'고 하십니다. 이는 언약의 실천을 의미합니다. 그런데 그 실천은 아브라함의 등 뒤에서 하나님께서 쉬지 않고 밀어주심으로 진행됩니다. 우리는 믿음으로 구원을 받으며, 그 어떤 것들도 우리가 받은 구원을 빼앗지 못합니다. 하나님은 구원하신 성도를 끝까지 끌고 가십니다. 이것이 "성도의 견인 perseverance of the saints "입니다. 분명 그렇게 됩니다. 이것은 변함이 없습니다. 그러나 하나님의 은혜로 구원을 받은 믿음을 가진 성도들은 그들의 삶에서 당연히 하나님께 집중하는 실천이 나와야 하는 것입니다. 믿음과 실천은 떨어지려야 떨어질 수 없는 것이기에 집중이 필요

합니다.

빌 3:15

15. 그러므로 누구든지 우리 온전히 이룬 자들은 이렇게 생각할지니 만일 어떤 일에 너희가 달리 생각하면 하나님이 이것도 너희에게 나타내시리라

사도바울은 성도를 '온전히 이룬 자들'이라고 합니다. 그런데 바로 앞 절에서 그들이 '온전하지 않다'고 합니다. 그렇기에 더욱더 하나님께 집중하여 예수 그리스도의 부르심의 상을 받으러 달려가라고 합니다.

빌 3:12-14

12. 내가 이미 얻었다 함도 아니요 온전히 이루었다 함도 아니라 오직 내가 그리스도 예수께 잡힌 바 된 그것을 잡으려고 달려가노라 13. 형제들아 나는 아직 내가 잡은 줄로 여기지 아니하고 오직 한 일 즉 뒤에 있는 것은 잊어버리고 앞에 있는 것을 잡으려고 14. 푯대를 향하여 그리스도 예수 안에서 하나님이 위에서 부르신 부름의 상을 위하여 달려가노라

지금까지 우리가 복음을 들어왔지만 정확한 말씀 아닙니까? 우리는 완성 되었습니다. 그러나 아직 세상에 있습니다. 그 말을 하는 것입니다. "already, not yet!! 이미, 그러나 아직"입니다. 예! 성도들은 이미 예수 그리스도 안에서 완성되었습니다. 즉 우리들은 온전한 순종의 자리에 이미 도달했다는 말입니다. 그렇지만 이 역사 속에서 육신의 몸을 입고 있기에 온전한 순종이 가시적으로 보이지 않습니다. 그러나 이미 온전하여진 성도들은 믿음으로 온전하여 졌다는 사실을 직시하고, 온전함을 향하여 집중하며 달음질치는 삶을 살게 되는 것입니다. 결과적으로 하나님의 언약은 양 손바닥이 부딪쳐 박수를 치는 것처럼 믿음과 실천으로 목표를 향하여 나아가는 것입니다.

12절에 '잡으려고 달려간다'라는 말은 헬라어 "디오코"입니다. 이 단어의 뜻은 은행에서 현금을 인출 해서 나오다가 은행 앞 길가에서 수천만 원(돈이 좀 적은가요?)이 들어있는 가방을 날치기당했을 때 그 날치기를 향하여 소리를 지르며 목숨을 다하여 추격하는 것을 말합니다.

한번은 제가 자동차를 운전하며 가고 있는데 어떤 운전자가 제 차의 백미러를 치고 달아난 적이 있었습니다. 그렇게 사고를 냈다면 차를 세우고 사과를 하고 사고 처리를 하면 되는데 속도를 내며 달아나서 저도 전속력으로 따라잡았습니다. 그를 꼭 잡고야 말겠다는 마음으로 최고 속력을 내어 결국 그를 잡았습니다. 그리고 손해 배상을 요구했습니다. 그런데 백미러가 깨져 보험처리를 했더니 25만 원을 보상해 주었습니다. 제가 25만 원 때문에 사고를 무릅쓰고 속력을 내어 그를 잡았습니다. 허망했습니다. 그 25만 원 때문에 달리던 속도를 생각하니 어이가 없었습니다.

저는 우리가 받은 이 어마어마한 은혜를 향하여 온전하기 위한 달음질을 이야기하는데 그 25만 원짜리 백미러와 비교하겠습니까? 참으로 한심한 것은 제가 삶을 살면서 복음을 향하여 달리는 것이 25만 원짜리 백미러 보상 받으려고 달리는 마음보다 못했다고 생각하니 마음이 아픕니다. 복음은 그렇게 가치 없는 것이 아닙니다.

일만 달란트를 탕감 받은 사람의 비유가 떠오릅니다. 우리는 일만 달란트를 탕감받은 자들입니다. 그 돈은 지금으로 환산하면 수십조 원이 넘는 금액입니다. 이는 도저히 인간이 소유할 수 없는 액수의 금액을 상징합니다. 그 수십조 원을 현금으로 받았다고 한다면 그 수십조 원을 받은 자에게 천 원짜리 지폐는 휴짓조각일 것입니다. 돈이 지천으로 깔렸으니 말입니다. 그런데 그 수십조 원을 받고 행복해야 할 자가 그 돈을 관념으로 존재하는 돈으로 알고 있다면 그것은 아무것도 아닙니다. 그 사람은 분명 그 돈이 손에 들어온 돈이라고 믿지 않기 때문입니다. 그러한 사람은 천 원짜리 한 장 빚진 자를 쫓아가서 그 돈을 받아 냅니다. 그 사람에게는 천 원짜리만 보이기 때문입니다.

  그러나 수십조 원이 진짜 내 것이라는 것을 아는 사람은 천 원짜리 지폐는 휴짓조각으로 알 것입니다. 우리는 성령 안에서 일만 달란트 탕감받은 사람으로 삶을 살아야 하는 것입니다. 이것이 믿는 자의 집중입니다. 자신의 실존을 자각한 자만이 일만 달란트를 누릴 수 있는 것입니다. 이 일만 달란트의 누림이 있는 자가 바로 구원받은 자인 것입니다. 그렇지 않은 자들은 지금도 백 데나리온을 향하여 달려갈 것입니다. 구원받은 자만이 하나님께 집중할 수가 있고 하나님께 집중한 자만 구원받는 것입니다.

구원과 행함

 이어서 14절에 성도들은 하나님께서 주시는 상이 있는데 부르심의 상이라고 하면서 위에서 부르셨기에 그 부르심의 상을 받기 위해 좇아가야하는 것이라고 말씀합니다. 부르심이라고 하는 것은 "소명"입니다. 하나님은 우리를 부르셔서 소명을 주셨는데 무엇을 위한 부르심의 소명이냐는 것입니다. 그것은 우리에게 주신 영생을 위한 것입니다. 우리는 이미 구원을 받아 영생을 얻었습니다. 그렇지만 이 땅에서 하나님께서 구원해주심을 붙들기 위해 하나님께 집중해야 한다는 것을 의미합니다. 즉 선한 싸움 말입니다.

그래서 성경에서 구원을 말할 때 세 가지 시제를 말씀합니다. 과거적 구원, 현재적 구원, 미래적 구원입니다. "과거적 구원"이라고 함은 "칭의"입니다. 그리고 "현재적 구원"이라는 것은 "성화"입니다. 그리고 "미래적 구원"이라는 것은 "영화"입니다. 그래서 믿음과 실천은 떼려야 뗄 수 없는 관계라는 것입니다.

구원에 관하여 성도가 "구원을 받았다."고 말하는 것은 "과거적 구원"입니다. 전능하신 하나님께서 계획하셔서 시작하신 일이라면 그것은 반드시 이루어진다는 것을 근거로 하며 이는 원리적, 신분적, 운명적인 면에서 말하는 것입니다. 또한 "구원을 받고 있다."고 "현재적 구원"을 말할 수 있는 것은 비록 죄 된 육신을 가지고 세상에 살고 있지만, 하나님께서 반드시 완성하셔서 하나님 나라로 입성하게 하실 것이기 때문인 것입니다. 그리고 구원이 계속 진행되어 영화로운 새 하늘과 새 땅에서 우리가 살 것을 확신하기에 성경은 "미래적 구원"을 말하는 것입니다. 하나님의 은혜의 구원은 우리에게 단발적으로 미치는 것이 아니라 영화의 단계까지 지속적으로 우리의 삶에 함께

하시며 이끄신다는 것입니다.

 그러기에 우리는 계속해서 하나님의 인도를 받아 행함으로 나아가야 한다는 것입니다. 야고보는 행해야 한다고 말합니다. 행함이 없는 믿음이라는 것은 죽은 믿음이라는 것입니다.

 약 2:17
 17. 이와 같이 행함이 없는 믿음은 그 자체가 죽은 것이라

 성도는 믿음을 가지고 있는 자이기에 행함이 나와야 한다는 것입니다. 그런데 그 행함은 구원을 받았다고 해서 나오는 것도 아니고, 구원을 받았기 때문에 의무적으로 나와야 하는 것도 아닙니다. 성도는 구원을 받아 하나님의 자녀가 되었고 아버지와 자식으로의 떼려야 뗄 수 없는 불가분의 관계가 된 것입니다. 그렇기 때문에 부자간의 사랑의 표현이 나와야 한다는 것입니다. 그러니까 우리는 하나님의 은혜로 예수 그리스도로 말미암은 구원을 받았기에 그 은혜로 말미암은 하나님과의 관계를 증거 해

주는 것으로의 행함이 나와야 하는 것입니다.

야고보서나 로마서를 보면 야고보서는 "행함으로"이고, 로마서는 "은혜로"입니다. 그런데 둘 다 아브라함의 행위를 예로 들어 말씀합니다. 아브라함을 갈데아 우르에서 불러내시고 일방적으로 떠나라고 하시며 축복하시고 의롭다 하십니다. 아브라함은 아무것도 안 했는데 말입니다. 이것은 무엇을 뜻하는 것입니까?

창 22:16-17
16. 이르시되 여호와께서 이르시기를 내가 나를 가리켜 맹세하노니 네가 이같이 행하여 네 아들 네 독자도 아끼지 아니하였은즉 17. 내가 네게 큰 복을 주고 네 씨가 크게 번성하여 하늘의 별과 같고 바닷가의 모래와 같게 하리니 네 씨가 그 대적의 성문을 차지하리라

하나님은 창세기 15장에서 축복을 하시는데 그 축복이 22장에도 있습니다. 그런데 "네가 이같이 행하여"라고 하시면서 축복하신다는 것입니다. 무슨 뜻일까요? 하나님은 우리에게 믿음을 거저 주시고 구원을 허락하십니다.

그것은 아브라함처럼 하나님께서 이끄시기 때문에 하나님께서 원하시는 행함을 반드시 하게 되어 있다는 것입니다. 아브라함의 삶을 보면 그 모든 인생에 로마서와 야고보서가 있다는 것입니다. 하나님은 아브라함의 생애의 모든 것을 합력하여 선을 이루시는 것입니다. 아브라함의 생애는 전혀 불가능한 인생이었습니다. 그럼에도 불구하고 하나님 앞에 선을 내놓은 것도 있습니다. 그러한 인생의 모든 과정을 하나님은 선용하신다는 것입니다.

저와 여러분 그 누구도 자신의 힘으로 절대로 구원받지 못합니다. 우리의 힘으로 한다면 천국에 들어갈 자가 단 한 사람도 없습니다. 놀랍게도 그 구원의 주도권이 하나님께 있어서 얼마나 다행인지 모르겠습니다. 우리가 하나님의 요구에 부응하지 못해도 하나님은 하나님의 사랑으로 우리를 사랑하시며 인생 내내 우리를 인도하시며 반드시 우리를 하나님 나라 백성으로 완성하실 것이기에 우리는 감사한 것입니다. 하나님께서 우리에게 하라고 하고 더 싸우라고 하시는 것은 힘들고 어려운 세상 삶이지만 내가 함께하며 너를 완성시킬 것이니 계속해서 하나님 나라 백성으로의 삶을 지향하며 지어져 가라고 말씀하시는 것입니다. 하나님은 우리를 반드시 완성 시키실 것입니다.

우리는 항상 우리 자신의 삶만 봅니다. 내 안에서 성령으로 역사하시는 하나님을 바라보지 못하는 경우가 많습니다. 그럼에도 성경에 나열되어 있는 수많은 믿음의 선배들을 보면 나보다 나은 사람 없다는 것을 새삼 느끼실 것입니다. 가까이는 아브라함, 그리고 모세와 사도바울 그 누구도 자신의 노력으로 구원받아 하나님께서 주시는 영생을 얻은 자가 없다는 것을 그들이 증거하고 있는 것입니다. 하나님은 우리를 이끄시고 우리가 지어져 가면 그 공로를 우리에게 돌려주시며 우리의 역사와 인생 속에서 경륜하고 계신 것입니다.

이름을 바꾸어 주심

 성경을 보면 수많은 사람들이 등장하는데 그들의 이름에는 뜻이 있습니다. 여러분이 알다시피 베드로의 이름 뜻은 "반석"입니다. 참고적으로 스페인어로는 페드로(Pedro), 이태리어는 피에로(Piero) 또는 피에트로(Pietro), 러시아어로는 표트로(Пётр), 프랑스어로는 피에르(Pierre)로 발음됩니다. 이러한 이름이 앞에 들어가는 서양 이름이 많이 있고 도시 이름도 많습니다만, 성경에서 이름에 관하여는 우리가 잘 아는 바와 같이 메시지가 있고 그 이름을 지은 사람이 그 사람의 소유권을 갖고 있는 것으로 이해되고 이름은 그의 정체성이 됩니다. 그것은 고대의 관습이었습니다.

성경의 인물들의 이름을 조금 나열해 보겠습니다. 무드셀라는 "창 던지는 자"라는 이름의 뜻과 "이가 죽으면 심판이다."의 뜻도 있습니다. 그리고 노아의 이름은 "안식"입니다. 이삭은 "비웃음"입니다. 요셉은 "그가 더할 것이다"라는 뜻입니다. 모세의 이름은 "건짐을 받은 자", 야곱의 아들 중 베냐민은 "오른손의 아들"이라는 뜻을 가지고 있습니다. 말라기는 "나의 사자"입니다. 그래서 말라기의 내용이 "나의 사자를 보내리라"입니다. 또 학개의 이름은 "축제, 잔치, 절기"라는 뜻을 가지고 있어서 학개의 내용이 그러한 내용을 기록하고, 스가랴는 "하나님께서 기억하다"라는 뜻, 요나의 이름은 "어리석은 비둘기"입니다. 이처럼 성경은 등장인물들의 이름으로 메시지를 주거나, 정체성을 나타내며, 인생을 요약하고, 한 사람의 성품과 정체성을 총칭하고 있는 것을 봅니다.

우리가 이름의 정체성과 상징, 인생을 먼저 언급한 이름들에 대한 이해를 돕기 위하여 좀 더 알아보면 무드셀라의 경우 "창 던지는 자"라는 이름의 뜻과 "이가 죽으면 심판이다"의 뜻이라고 했습니다. 우리가 고대나 로마 시대 또는 우리나라 삼국시대 등의 전쟁 양상을 보면 양쪽에 거대한 대군이 서 있고, 그중 대표로 장군이 앞에 서서 상대 장수에게 싸움을 겁니다. 그리곤 상대 장수에게 큰 창을 던져 명중하면 그 싸움은 이미 승리한 것이나 다름이 없었고 이는 상대의 멸망을 뜻하는 것입니다. 그래서 그 창 던지는 장수가 죽는다는 것은 상상도 못 할 일입니다. 그런데 태어나면서 창 던지는 자라는 이름으로 태어난 무드셀라가 자라면서 죽으면 어떻게 되는 것입니까? 심판이 임한다는 이름을 가졌으니 그것은 싸워 보지도 못하고 멸망하는 것입니다. 그러니 얼마나 애지중지 키워야 합니까?

그가 죽으면 심판이 임하는 것입니다. 그 아이가 태어나고 자랄 때 노심초사하면서 아이를 키우며 어떠한 삶을 살았을까요? 아이가 태어나다 죽을 뻔도 하고, 달려가다가 돌부리에 걸려 죽을 수도 있고, 비 오는 날 미끄러져 죽을 수도 있습니다. 그때는 유아 사망률이 말할 수 없이 높은 시대 아닙니까? 무드셀라의 아버지 에녹이 얼마나 마음 졸이며 살았을까요? 항상 해가 뜨면 오늘이 마지막 날일지 모른다는 생각으로 삶을 살았을 것입니다. 즉 "종말론적 삶"으로 말입니다. 이렇듯 성경에 기록된 무드셀라라는 이름을 포함한 하나님의 백성들 이름은 계시의 이름인 것입니다.

본문을 보면 하나님은 아브라함에게 '내 앞에서 행하여 완전하라'고 하시고 아브라함을 불러 이름을 바꾸어 주시는 것을 봅니다. 아브람을 아브라함이라고 하십니다. 여기에서 아브람은 "높으신 아버지"라는 뜻을 가지고 있습니다. 그런데 하나님께서 바꾸어 주신 아브라함의 이름은 "열국의 아버지"입니다. 그리고 사라의 이름도 바꾸어 주심을 볼 수 있습니다. "나의 왕비" 또는 "조롱"이라는 뜻의 사래는 "사라"라고 바꾸어 주십니다. 사라는 "왕비"라는 뜻을 가지고 있습니다. 사라는 임신을 하지 못하여 자식 없는 설움을 겪었을 아브라함의 아내에서 일약 "열국의 어미"라는 이름을 얻게 된 것입니다.

고대에서의 이름은 이름을 지어준 자가 그를 소유하는 의미와 정체성 등, 그 이름을 가진 자를 총칭하는 것이라고 했습니다. 그러니까 이름을 준 자가 소유권을 갖는 것이고, 그 이름을 가진 자는 이름을 지어준 자에게 종속되는 것을 의미합니다. 하나님은 아브라함과 사라의 이름을 직접 지어주심으로 그들이 하나님 나라 백성임을 인 치신 것이고, 하나님의 언약을 성취하는 삶을 살아낼 자들이라는 것을 말씀하시는 것입니다. 즉 그들 안에서 하나님의 언약과 약속을 하나님의 능력으로 반드시 성취하신다는 것을 천명한 것입니다.

성경의 다른 인물 야곱이 있습니다. 야곱은 그 이름의 뜻이 "속이는 자"입니다. 그러한 사기꾼에게 하나님께서 이름을 지어 바꾸어 주시는데 그 이름이 다름 아닌 "이스라엘"입니다. 이스라엘의 뜻은 "하나님과 싸워 이긴 왕자"입니다. 그런데 놀라운 것은 이스라엘이 신약교회의 모형 아닙니까? 그러므로 저와 여러분인 교회는 하나님께서 이스라엘에게 져서 하늘나라의 왕자요 공주로 탄생시킨 영광스러운 존재인 것입니다. 이러한 모습을 보며 참으로 흥미로운 것은 이스라엘이라는 이름을 받은 야곱의 모습입니다.

 야곱은 사기꾼이고 속이는 자이며 우리말로 싸가지 없는 놈입니다. 그런데 그러한 야곱을 이스라엘이라고 이름을 바꾸어 주셨는데 이거 정말 자격이 있어서 받은 것입니까? 전혀 아닙니다. 누가 봐도 야곱은 그러한 자격이 없습니다. 그럼에도 불구하고 하나님은 야곱의 이름을 이스라엘로 바꾸어 주시고, 하늘 왕자의 모습을 목표로 야곱을 끌고 가시는 것입니다. 자기 자신이 그야말로 험악한 세월을 보냈다고 하면서 애굽의 바로에게 소개할 정도로 힘든 세월을 보냈지만, 야곱은 그 험악한 세월로 인하여 복을 받은 것입니다.

 아브라함의 삶과 야곱의 삶이 거의 같습니다. 물론 야곱이 험악한 세월이라고 자신의 삶을 말했지만, 아브라함의 삶도 그와 같은 험악한 삶이었습니다. 아브라함이 하나님의 부름을 받고 갈대아 우르를 출발하여 가나안을 향합니다. 이 여행은 하나님께서 명령하셨고, 아브라함이 선택하여 가나안으로 간 것입니다. 그리곤 가나안의 기근으로 곧 애굽으로 도망가는데 이는 잘못된 선택이었습니다. 하나님은 믿음의 조상으로 점찍은 아브라함의 잘못된 선택으로 말미암은 일에 적극적으로 개입하셨습니다. 이유는 아브라함의 인생이 그렇게 마무리되어서는 안 되기 때문이었던 것입니다.

아브라함이 그랄왕 아비멜렉에게 사라를 팔았을 때도 그에게 나타나셔서 사라를 보호하십니다. 그런데 이러한 아브라함의 선택에 별말씀을 안 하십니다. 아브라함은 그 일 뿐만 아니라 애굽으로 내려가는 우를 범함과 동시에 사라를 팔아먹습니다. 그런데 아브라함은 하나님께서 바로를 꾸중하시는 모습을 보게 됩니다. 이렇게 아브라함은 좌충우돌 살아가면서 하나님이라는 분이 어떤 분이신지를 배워 알게 됩니다. 그러한 아브라함은 기어코 모리아 산에서 아들을 바치는 성숙한 자로 만들어 내시는 하나님을 우리는 보아야 합니다.

제가 지금 아브라함과 야곱을 교차해서 말씀드리는 것

은 두 사람 모두 하나님께서 이끄시는 은혜 안에서 어떻게 지어져 가는지를 말씀드리기 위함입니다. 이 말씀은 바로 우리들의 삶이기도 하기 때문입니다.

창 47:8-9
8. 바로가 야곱에게 묻되 네 나이가 얼마냐 9. 야곱이 바로에게 아뢰되 내 나그네 길의 세월이 백삼십 년이니이다 내 나이가 얼마 못 되니 우리 조상의 나그네 길의 연조에 미치지 못하나 험악한 세월을 보내었나이다 하고

앞에서도 언급했습니다만 야곱은 하나님의 백성으로 선택되고 예정되었습니다. 창세기 25장의 기록을 보면 엄마 리브가가 쌍둥이 아이를 갖게 되는 데 형이 동생을 섬길 것을 예정하셨습니다. 동생인 야곱이 이 세상에 태어나지도 않았고 뭔가 하나님께 한 것도 없고, 착한 일도 하지 않았습니다. 그런데 그를 미리 예정하셨다는 것입니다. 이는 하나님께서 예정하셔서 복을 받을 사람이라는 것을 말씀하시는 것입니다. 그렇게 복을 받도록 예정된 사람이 자신의 꼼수로 인생을 잘못 선택함으로 험악한 인

생이 시작되었습니다. 그래서 그의 인생은 억세게 재수 없는 놈이 사는 것 같은 삶을 산 것입니다.

 야곱이 장자의 권리를 도둑질 할 수 있었던 것은 아버지와 형 에서를 보기 좋게 속였기 때문입니다. 그런데 야곱은 그렇게 아버지와 형을 속여서 장자의 권리를 빼앗지 않아도 장자가 되는 권리를 가지게 되어 있었습니다. 하나님께서 택한 자이기 때문입니다. 그런데 야곱은 두 사람을 속이기로 결정하고 선택한 것입니다.

 야곱의 기구한 운명은 외삼촌인 라반의 집에 들어가서도 계속됩니다.

 창 30:37-39
 37. 야곱이 버드나무와 살구나무와 신풍나무의 푸른 가지를 가져다가 그것들의 껍질을 벗겨 흰 무늬를 내고 38. 그 껍질 벗긴 가지를 양 떼가 와서 먹는 개천의 물 구유에 세워 양 떼를 향하게 하매 그 떼가 물을 먹으러 올 때에 새끼를 배니 39. 가지 앞에서 새끼를 배므로 얼룩얼룩한 것과 점이 있고 아롱진 것을 낳은지라

야곱이 자기 노력과 꼼수로 부를 챙기는 모습입니다. 야곱은 이미 축복을 받기로 예정되어 있었습니다. 그럼에도 라반의 집에 가서 부자가 되고자 버드나무 살구나무 신풍 나무껍질을 벗겨서 흰 무늬를 내고 양 떼가 먹는 물 구유에다가 세우는 일을 했습니다. 그리 안 해도 야곱은 축복받아 거부가 되는 것입니다. 그런 그가 자신의 수를 써서 인생을 살아 험악한 삶을 살게 됩니다.

이에 더하여 레아와 라헬 이야기입니다. 레아는 아들 유다를 낳아 다윗과 예수 그리스도로 이어지는 계대를 잇는 사람이기에 야곱은 레아를 선택해야 했습니다. 그런데 레아보다는 라헬이 예뻤는지는 몰라도 라헬을 선택하게 되고 고생하지 않아도 될 야곱이 험악한 세월을 보내게 됩니다. 그 험악한 세월은 80대의 꼬부랑 할아버지 야곱이 7년을 더 고생한 것입니다. 말년까지 부자가 되고 싶어 부자가 되었고, 자식을 갖고 싶어 자식을 얻었지만, 안 해도 될 일을 하게 된 것입니다.

그런데 하나님은 야곱이 고생하는 것을 그냥 보고 계셨

습니다. 왜 그랬을까요? 하나님은 그가 거부가 되고 자식을 많이 갖고 그의 아내가 예쁜 것에 관심이 없습니다. 하나님의 관심과 목적은 야곱이 성숙하여 이스라엘이 되는 것입니다. 그러니까 야곱이 고생 고생 개고생을 한 것들을 통해 하나님을 알고 이스라엘로 지어져 가는 모습을 보기 원하는 것입니다. 예수를 믿는 사람들이 이 부분을 간과합니다.

성도라고 자처하는 사람들은 이 세상 가운데에서 야곱과 방불한 삶을 살 수밖에 없습니다. 혹자들은 하나님께서 복을 주셔서 떵떵거리며 살 것이라고 하면서 너스레를 떨지만, 실상은 그렇지 않다는 것을 아실 것입니다. 우리의 삶은 분명 야곱과 같은 재수 없는 험악한 세월입니다. 물론 돈도 잘 벌고 재수 좋은 사람도 있기는 합니다만, 그도 왕재수로 삶을 사는 것입니다. 그럼에도 그 삶의 마지막은 엄청난 복, 즉 하나님 나라에서 살 왕자로 양육을 받으면서 지어져 가며 성숙에 이르는 것이 목적인 것입니다. 그것이 복입니다. 그것이 영생입니다. 착각하지 마십시오. 이것만이 우리의 복입니다.

개차반 성도

영생을 누리는 자들이 누구입니까? 그 복을 누릴 수 있는 자들이 우리들 아닙니까? 교회 말입니다.

사 62:2-3
2. 이방 나라들이 네 공의를, 뭇 왕이 다 네 영광을 볼 것이요 너는 여호와의 입으로 정하실 새 이름으로 일컬음이 될 것이며 3. 너는 또 여호와의 손의 아름다운 관, 네 하나님의 손의 왕관이 될 것이라

계 2:17
17. 귀 있는 자는 성령이 교회들에게 하시는 말씀을 들을지어다 이기

는 그에게는 내가 감추었던 만나를 주고 또 흰 돌을 줄 터인데 그 돌 위에 새 이름을 기록한 것이 있나니 받는 자 밖에는 그 이름을 알 사람이 없느니라

말씀에서 보듯이 우리에게 새 이름을 주셨습니다. 그 이름이 무엇일까요?

고전 1:2
2. 고린도에 있는 하나님의 교회 곧 그리스도 예수 안에서 거룩하여지고 성도라 부르심을 받은 자들과 또 각처에서 우리의 주 곧 그들과 우리의 주 되신 예수 그리스도의 이름을 부르는 모든 자들에게

하나님은 우리들을 부르신다고 말씀하십니다. 그런데 그들 교회들에게 "성도"라는 이름을 지어주시고 그 이름을 부르신다고 합니다. 교회들의 이름을 바꾸어 주시는 것입니다. 그 새 이름은 "성도"입니다. 성도라는 이름은 "거룩한 백성, 거룩한 무리"라는 뜻을 가지고 있습니다. 앞의 말씀은 고린도 교회에 주신 말씀입니다. 그런데 고린도 교회가 성도라고 불릴 정도로 거룩한 무리들이었습

니까?

 2000년 전 고린도 교회는 그리스 지방에 개척된 교회로 종교적으로 열심이 많았던 교회입니다. 그리고 은사가 많았던 교회였습니다. 그런데 그 은사가 잘못 사용되었고, 은사를 가진 사람들은 은사가 없는 사람들을 무시했습니다. 하나님께서 은사를 주셨으면 덕을 세워야 하는데 은사로 우열반을 가르고 특별한 은사, 그러니까 방언, 예언이나 신유은사를 가진 자들과 다른 교인들과 분열이 일어났습니다. 게다가 도덕적으로도 대단히 문란했습니다. 이 사람들은 근친상간을 하고, 은사의 문제나 율법의 문제, 사랑이 부족하다는 사도바울의 일갈을 들었습니다. 결정적으로 그 교회는 예수파, 바울파, 게바파 등의 파벌이 생겨 싸움이 빈번했던 문제가 많은 교회였습니다. 그와 같은 삶을 사는 사람들인 고린도교회에 출석하는 그들에게 하나님은 "성도"라는 이름을 붙여주셨다는 것입니다.

 이 시대 예수를 믿는 우리들을 한번 생각해 보십시오. 우리의 죄악상은 이루 말할 수 없습니다. 그러한 우리에게 "성도"라는 위대한 이름이 붙여진 것입니다. 거룩이라는 것을 도덕적 의미로 보고 착하고 순결한 모습에 붙일 수 있습니다. 그렇게 정의하는 것이 틀린 것은 아닙니다. 그러나 도덕이나 윤리적 의미로 단순히 거룩을 사용한다면 그것은 정말 좁은 의미로 정의하는 것입니다. 이 거룩이라는 단어는 우리들처럼 개차반들에게 쓰여지는 단어가 아닙니다. 거룩은 하나님을 바라보며 그분의 위대하심을 표현할 때 사용하는 단어입니다. 그래서 "거룩"이라 함은 하나님의 신성과 크심이라는 하늘의 것을 담고 있는 단어인 것입니다. 그렇기 때문에 이 단어를 "구별된"으로 사용하는 것입니다. 우리들이 구별되었다는 것은 죄악으로 어두운 세상에서 하나님의 나라로 구별되었다는 것을 의미하는 것입니다. 무엇을 위해 구별되었습니까? 바로 하나님의 영광을 위해 구별 된 것입니다.

하나님은 은혜입니다. 이러한 가짜 같고, 엉터리 같고, 개차반인 교회의 교인들에게 성도라 이름하여 주심 말입니다. 이것을 은혜 아니고 무엇으로 설명할 수 있겠습니까? 그래서 기독교는 은혜의 종교라는 것입니다. 하나님께서 은혜로 성도라는 이름을 불러주시는 것은 하나님께서 창세전에 택한 하나님의 백성들이 아무리 개차반일지라도 그분은 그분의 백성들을 성도라는 이름에 걸맞도록 만들어 반드시 그 나라에 집어넣으신다는 결의를 보여주시는 것입니다. 이것은 하나님의 백성들은 반드시 은혜에 이끌려 스스로 자신의 행위를 수반하여 성도로 지어져가 완성된다는 것을 말하는 것입니다.

그러한 은혜를 입은 우리들이 할 수 있는 말은 "불쌍히 여기소서"라는 말밖에 없습니다. 우리들이 교회를 다니며 성도라고 하면서도 진정 그러한 삶을 살고 있는지 돌아보며 하나님 앞에서, 예수 그리스도로 말미암아 구원받은 자들로서 그분께 집중하며 "디오코"의 삶을 살고 있는지 회개해야 함을 다시 한번 뼈저리게 느끼며, 삶으로 그분만을 높이며 찬양하는 영생의 삶을 살아내야 하는 것입니다.

마음의 할례를 받으라

하나님은 아브라함과 사라에게 이름을 바꾸어 주시고 언약을 지키라고 명령하십니다. 그리고 나서 하나님은 할례를 요구하십니다. 이 맥락은 계속되는 '내 앞에서 행하여'입니다. 즉 하나님은 믿음을 가진 자로서의 행함을 강조하시면서 믿음과 행함의 조화를 요구하시는 것입니다. 내 앞에서 완전한 자는 할례를 행해야 한다는 것입니다. 이것은 할례라는 하나의 행위를 요구하는 것입니다.

할례를 쉽게 이야기하면 포경수술과 비슷한 것입니다. 남자의 생식기 표피를 조금 자르는 행위로서 이것의 의미는 "하나님의 백성의 탄생"에 관한 것인데 하나님의 백성은 하나님의 능력으로만 탄생된다는 것입니다. 인간의 그 어떤 노력으로도 교회는 탄생될 수 없다는 것을 의미합니다. 또 하나는 "전인적인 죽음"을 상징하는데 이것은 "교회로서의 나"라는 옛사람이 죽는 것을 말합니다. 그리고 그 죽음으로 "나의 능력은 없다"라는 것을 말하는 것입니다. 하나님 나라에 들어가는 사람은 그가 그의 능력에 따라 노력하고 열심을 내어 들어가는 것이 아니라 하나님의 능력으로 들어간다는 고백이 할례입니다.

하나님은 아브라함에게 그러한 의미의 할례를 명한 것입니다. 아브라함의 행복은 오직 하나님에 의해서만 주어지고 충족되는데 할례를 통해서 그것을 받게 되는 것입니다. 우리의 행복이라는 것이 무엇입니까? 영생을 말하는 것입니다. 나아가 할례라는 것은 예수 그리스도의 할례를 의미합니다. 예수 그리스도께서 십자가에서 쪼개짐이 할례이고 그 할례가 우리의 할례가 되는 것이고 십자가의 할례는 우리에게 전가되어 예수를 믿는 믿음으로 마음에 받는 할례를 상징하는 것이 바로 할례입니다. 이러한 할례를 아브라함에게 명하시는 것입니다.

신 30:6
6. 네 하나님 여호와께서 네 마음과 네 자손의 마음에 할례를 베푸사 너로 마음을 다하며 뜻을 다하여 네 하나님 여호와를 사랑하게 하사 너로 생명을 얻게 하실 것이며

신명기에서도 할례는 마음의 할례를 말씀합니다. 성경은 그러한 "마음의 할례"를 여러 곳에서 강조하고 있습니다. 할례의 행위는 "마음을 다하며 뜻을 다하여 하나님을 사랑하는 자로 지어져 가는 것"임을 기록합니다.

골 2:11
11. 또 그 안에서 너희가 손으로 하지 아니한 할례를 받았으니 곧 육의 몸을 벗는 것이요 그리스도의 할례니라

사도바울도 똑같은 말을 하고 있음을 봅니다. 그러니까 하나님의 명령으로 마음의 할례를 받아 성도로서의 삶을 사는 사람들은 육적인 몸을 벗어나는, 즉 예수 그리스도

의 십자가의 할례와 함께 있어 "나도 그 자리에 함께 있었다는 것"이고 그 자리에서 "예수 그리스도와 연합되었다는 것"을 믿는 믿음을 갖는 것이 할례라는 것입니다.

하나님은 아브라함에게 그분의 언약을 준행하는 표시로 할례를 요구하시는 것입니다. 자신의 육신을 버리고 오직 하나님만, 마음을 다하고 성품을 다하고 힘을 다하여 목숨 걸고 사랑하는 자로 나아가는 것이 할례입니다. 그러니까 마음의 할례를 받은 성도는 거룩한 무리로서 이 땅에서 할례의 삶을 살아내는 것입니다. 우리가 우리의 앞길을 주장하며 모든 것을 내 마음에 맞는 대로 행하는 삶이 아니라, 예수 그리스도로 말미암은 십자가의 삶을 살아내야 한다는 것입니다. 이것이 할례의 삶입니다.

아브라함에게 할례의 삶이라는 것은 엄청난 고통을 수반하는 것이었습니다. 서자 이스마엘을 86세에 낳았는데 그렇게 귀하고 눈에 넣어도 안 아플 만한 자식을 내쫓아 버리는 것을 의미합니다. 말이 그렇지 그 아들을 어떻게 내칩니까? 그런데 사랑의 하나님께서 이스마엘을 쫓아내라고 하시는 것입니다. 이것이 바로 할례의 모습입니다. 이 할례를 받고 나면 이삭이 태어나고 그 이삭이야말로 하나님께서 언약한 후손인 것입니다. 그렇기에 성도라는 사람들은 자신이 자가 발전하여 내놓은 아주 귀하고 귀하다고 생각하는 결과물에 대하여 모두 할례를 받아야 하는 것입니다. 예수 그리스도를 믿는 믿음을 가지는 것이 진짜 할례라는 것을 알아야 합니다. 이것이 마음에 할례를 받는 것입니다.

저는 목회를 시작하여 열정적으로 감당했습니다. 공부도 많이 하게 되었고 대학원 석사과정은 물론 목회학 박사과정도 했습니다. 그리고 대형교회 부목사 경험도 했고 몇 개의 교회에서 담임목사도 했습니다. 그러면서 저는 전통교회에서 목회하고자 최선을 다했습니다. 그런데 그러한 목회를 하고 싶어 했던 것은 하나님을 즐거워하며 그분의 영광을 위한 것이 아닌 나 자신의 안위와 먹고살기 위한 것이었습니다. 물론 목회를 열심히 하는 것임에는 틀림없습니다.

그러나 설교를 하고 예배를 드리지만, 힘이 없었습니다. 영적 power가 나타나지 않았습니다. 언젠가부터 교인들이 헌금하여 나의 월급을 준다고 생각하게 되고, 그들에게 잘 보여야 하기에 교인들의 눈치를 보며 마음에 없는 말을 밥 먹듯이 하는 위선을 떨더라는 것입니다. 그렇게 하다 보니 그들이 나의 밥줄로 생각이 들고, 양들의 털을 벗기고 고기를 요리해서 내 배를 불려야겠다는 생각이 앞서니 교인들을 이용하여 그러한 삶을 살게 되더라는 것입니다. 교인들이 두려워진 것입니다. 어느 날인가부터는 하나님이 두려운 것이 아니라 사람들이 두려워지기 시작했습니다. 그들이 지옥에 가건 말건 그것은 중요한 것이 아니었습니다. "복 받는다, 부자 된다, 주님께 외치라 주신다, 당신들 잘하고 있다, 좋다, 평안하다, 평안하다." 복음이 선포되어야 할 자리에서 똥 덩어리를 많이 가지라고 설교하고 있는 모습이란 가관이었습니다. 예레미야서에서 하나님은 그러한 목사들 내가 보낸 자들이 아니라고 하십니다.

그러한 삶을 살면서 저에게 어느 순간 폭풍처럼 밀려오

는 복음을 거부할 수 없었습니다. 목사는 하나님의 은혜로 먹고사는 것이지 교인들이 헌금 내서 월급 주는 것이 아니라는 담대함이 생겼습니다. 하나님의 위대함을 알기 시작한 것입니다. 아니 알았지만, 그것이 안 되었던 것 같습니다. 그래서 할례를 받아야 했던 것입니다. 이내 개혁신학을 지지하며 그리로 향하게 되고 여러 개혁주의 목사님들을 대하고 신학을 다시 공부하면서 하나님께로 가까이 향했습니다.

고후 5:9-11

9. 그런즉 우리는 몸으로 있든지 떠나든지 주를 기쁘시게 하는 자가 되기를 힘쓰노라 10. 이는 우리가 다 반드시 그리스도의 심판대 앞에 나타나게 되어 각각 선악간에 그 몸으로 행한 것을 따라 받으려 함이라 11. 우리는 주의 두려우심을 알므로 사람들을 권면하거니와 우리가 하나님 앞에 알리어졌으니 또 너희의 양심에도 알리어지기를 바라노라

저는 이 말씀을 읽는 순간 눈을 번쩍 뜨게 되었습니다. 이렇게 우리는 주를 두려워함으로 주를 기쁘시게 하는 자가 되기를 힘쓰는 것입니다. 정말 하나님을 깊이 아는 자

라면 그렇게 살지 못한다는 것입니다. 두려워서라도 "하나님을 기쁘게 하는 삶을 산다."라고 말씀하시는 것입니다. 그분이 단순히 두려워서가 아닙니다. 그분이 엄청나게 존귀하시고 위대하시기 때문인 것입니다. 그러한 두려움과 경외함으로 하나님을 아는 자는 사람을 절대 두려워하지 않는 것입니다.

살전 2:4-7
4. 오직 하나님께 옳게 여기심을 입어 복음을 위탁 받았으니 우리가 이와 같이 말함은 사람을 기쁘게 하려 함이 아니요 오직 우리 마음을 감찰하시는 하나님을 기쁘시게 하려 함이라

갈 1:10
10. 이제 내가 사람들에게 좋게 하랴 하나님께 좋게 하랴 사람들에게 기쁨을 구하랴 내가 지금까지 사람들의 기쁨을 구하였다면 그리스도의 종이 아니니라

분명 노선도 맞지 않고 신학도 전혀 맞지 않는 곳에서 교인이라는 사람들의 기분을 맞추어가면서 그런 목회를

한다는 것이 말도 안 되는 이야기이지만 어쩔 수 없이 "생존의 문제" 때문에 그렇게 할 수밖에 없었습니다. 가정이 있는 저에게 신변의 변화는 두려움이었기 때문입니다. 그러한 저의 삶이 존귀하시고 위대하신 하나님을 두려움과 경외함으로 바라보면서 결단을 할 수 있었습니다. 사람의 기분을 맞추는 것이 아니라 하나님을 기쁘게 하는 길로 나아가야 하지 않겠습니까? 사도바울의 삶은 그러한 삶이었다는 것입니다.

저는 어느 순간인가 이렇게 밀려오는 하나님의 은혜로 그 전통교회 목회를 접게 되었습니다. 아니 할 수가 없게 되었습니다. 하나님의 은혜와 하나님의 위대하심을 너무 많이 알아 버렸습니다. 하나님께서 자리하신 나의 마음에 그 똥 덩어리가 조금도 영향을 미치지 못했습니다. 이미 내게 들어온 복음은 세상을 향하여 올바른 복음을 외치기 시작하였습니다. 작금의 조국교회 대부분이 반대하는 모습을 가지고 전통교회의 강단에서 설교하기에는 너무나 많이 왔다는 생각을 하게 되었습니다. 복음이 선포되어야 할 자리에서 똥 덩어리를 많이 가지라고 설교하고 있는 모습이란 가관입니다. 하나님을 기쁘시게 하는 자가 되는 놀라운 말씀으로 힘이 생겼습니다. 할례를 받은 것입니다. 이러한 자기부인의 역사가 제게서 나오고 나서 저는 하나님의 언약의 말씀만을 전하는 자로 서게 된 것입니다.

진짜 언약의 자손

우리는 하나님께서 "내 앞에서 행하여"라는 말씀을 하시고 할례를 행하라는 말씀에 순종해야 합니다. 이 길만이 생명의 길인 것입니다. 우리들에게서 잉태되고 배태된 것들은 우리의 능력을 나타내기 위한 수단들이고 우리의 의지와 힘과 지혜를 내놓는 것들입니다. 우리는 하나님 앞에서 행하여 자기를 부인함으로 자신의 무력함과 불가능함을 인정해야 하는 것입니다. 그 육욕의 출산물들을 끊어 내고 오직 하나님의 언약에 의해 주어지는 진짜 언약의 자식을 받아야 합니다. 이것이 하나님의 언약 안에 들어있는 하나님의 백성들의 행함입니다. 우리는 어떤 행위를 해야 하는지 깨달았습니다. 하나님의 은혜와 사랑에 반응하는 것은 할례를 행하는 것입니다.

아브라함은 할례의 모습을 매일 목도 했을 것입니다. 왜냐하면, 하루에도 여러 번 화장실에 가게 되는데 생식기의 표피를 베어낸 그 자국을 선명하게 보게 될 것이기 때문입니다. 그로 인해 아브라함은 매일매일 할례를 기억하며 언약의 후손을 기다리며, 하나님의 은혜를 의지함으로 약속의 자녀가 탄생될 것임을 믿고 기다렸을 것입니다.

우리 성도의 모습은 어떠해야 합니까? 우리도 매일 매일 아브라함이 하던 모습 그대로 할례를 보아야 합니다. 그런데 참으로 놀라운 사실은 그리스도인이라고 하는 사람들이 할례를 세상 연락과 바꾸어 먹어버리고 말더라는 것입니다. 순식간에 말입니다. 하나님의 은혜는 공짜라서 그런 것입니까? 참으로 안타까운 일입니다. 우리의 삶이 고단하고 험악하다 할지라도 할례받은 사실을 잊어버리면 안 됩니다.

창 17:18

18. 아브라함이 이에 하나님께 아뢰되 이스마엘이나 하나님 앞에 살기를 원하나이다

이 모습입니다. 이스마엘을 옥이야 금이야 하면서 끌어안고 고것 하나 키우며 살 테니 복을 달라고 하지 않습니까? 이 모습은 우리들의 모습입니다. 우리가 자신의 노력으로 어떤 하나를 이루어 놓으면 세상에 그것을 자랑하며 그것으로 모든 것을 가진 행복한 사람이라고 뻐기며 하나님 앞에서 산다는 것입니다. 참 놀랍지요. 우리가 그렇게 살고도 "어떻게 그렇게 살았지" 하면서 자신도 소스라치게 놀랍니다.

창 17:19

19. 하나님이 이르시되 아니라

그렇게 이스마엘하고 살면서 하나님의 복을 받겠노라고 하는 아브라함에게 하나님은 단호하게 "아니라"고 합니다. 무슨 말씀입니까? 하나님은 할례를 받고 나서 낳는

자식이 진짜 하나님의 언약의 자식이라고 말씀하시는 것입니다. 할례받기 전의 자식은 어서 빨리 내 버려야 합니다. 초개와 같이 말입니다. 좀 과한 면이 있는 것 같지만 이것이 복음이고 하나님의 뜻입니다. 우리는 어떤 것이 하나님의 경고이고 어떤 것이 하나님의 사랑인지를 잘 구별해야 합니다.

앞에서도 말씀드렸지만, 하나님의 관심은 우리가 이 땅에서 부귀영화를 누리며 잘 먹고 잘살며 소위 "만사형통"하는 것이 아니라는 것입니다. 하나님은 예수 그리스도를 통한 십자가의 삶을 살면서 영생으로 인도되는 거룩한 삶을 살기를 원하시는 것입니다. 인간들은 이점을 잘 알지 못합니다. 복음을 들어도 꼭 자기들의 귀에 듣고 싶은 이야기만 듣기 때문입니다. 험악한 세월의 말씀을 들어야 하고 할례를 기억해야 합니다. 그렇게 할 때에 하늘의 삶인 영생을 얻는 것입니다. 우리가 우리의 노력으로 잘 사는 것 같은 것은 결국 이스마엘을 내놓고 그와 함께 살기를 원한다는 아브라함의 말을 실천하는 꼴이 되는 것입니다.

창 17:20-21

20. 이스마엘에 대하여는 내가 네 말을 들었나니 내가 그에게 복을 주어 그를 매우 크게 생육하고 번성하게 할지라 그가 열두 두령을 낳으리니 내가 그를 큰 나라가 되게 하려니와 21. 내 언약은 내가 내년 이 시기에 사라가 네게 낳을 이삭과 세우리라

(표준새번역 : 21. 그러나 나는 내년 이맘때에, 사라가 너에게 낳아 줄 아들 이삭과 언약을 세우겠다)

하나님은 긍휼의 하나님이심을 보게 됩니다. 아브라함이 같이 살겠다고 하던 이스마엘에게도 긍휼을 베푸셔서 복을 주겠다고 말씀하십니다. 이렇게 되면 그냥 이스마엘하고 살면 되는 것 아닙니까? 이것이 우리가 원하는 것입니다. 할례받기 전의 것도 같이 살면 좋은 것 아닙니까? 그런데 하나님은 "그러나"라고 하십니다.

"그러나"는 무엇을 뜻하는 것입니까? 이스마엘도 그렇게 복을 주어 번성케 하며 큰 나라가 되는데, 그러나 이스마엘은 언약의 자식이 아니고 명년에 태어날 이삭이 진짜 언약의 자손이라고 말씀하시는 것입니다. 하나님은 언약

의 자식에만 관심이 있습니다. 그렇기 때문에 언약의 자식이 아닌 육욕의 서자를 내쫓고, 언약의 자식을 보아야 한다는 말씀인 것입니다.

인간의 어리석음이 여기에 있습니다. 그저 눈에 보이는 육의 서자만을 생각한다는 것입니다. 하나님 말고 지금 나를 달콤하게 하는 나의 가능성과 나의 힘으로 만든 결과물을 가지고 그것으로 살기를 원한다는 것입니다. 아닙니다. 성도는 하나님으로만 만족해야 하는 것입니다. 그곳에 영생이 있는 것입니다. 진짜 복을 누릴 자들은 그러한 자신의 가능성과 힘, 그리고 지혜를 할례받아야 합니다.

네덜란드 자유대학의 미술사 교수 한스 루크마커의 'Art needs no justification이라는 책에 1800년경의 일본의 대화가(大畵家)인 호쿠사이에 대한 에피소드가 있습니다. 호쿠사이는 어떤 의뢰인으로부터 닭 그림을 그려 달라는 부탁을 받았습니다. 그림을 부탁한 사람은 호쿠사이 정도면 하루 안에 그 닭 그림을 그려 줄 것이라 굳게 믿고 있었습니다. 그런데 호쿠사이는 일주일 후에 그림을 찾으러

오라고 했습니다. 일주일 후에 찾아갔더니 한 달 후에 오라고 했습니다. 그렇게 미루기를 삼 년이 걸렸습니다. 그림을 부탁한 사람이 더 이상 참을 수가 없어서 그 약속한 날 결판을 내기로 하고 찾아갔습니다. 호쿠사이는 그제서야 일필휘지로 한순간에 닭 그림을 그려 주었습니다. 그림을 부탁한 사람은 더 화가 났습니다. 이렇게 한순간에 그릴 수 있는 사람이 자기를 삼 년이나 기다리게 했다는 사실에 화가 난 것입니다. 그래서 그는 호쿠사이에게 따졌습니다. 그랬더니 호쿠사이는 말없이 구석에 있는 자기의 방으로 그를 데리고 들어갔습니다. 그곳에는 지난 삼 년간 호쿠사이가 연습하며 그린 닭 그림이 산더미처럼 쌓여 있었습니다. 예술은 평계를 필요로 하지 않는다는 것입니다. 호쿠사이는 자기의 닭 그림이 스스로에게 만족스러울 때까지 닭 그림을 연습한 후에 그림을 그려 준 것입니다. 자신의 실력에 관한 자존심이 대단하지 않습니까?

하나님의 은혜로 예수 그리스도로 말미암아 구원받았다는 성도들이 하나님께 받은 은혜에 대하여, 구원에 대하여, 자존심이 부족한 것 같습니다. 하나님의 독생자 예수 그리스도를 주시기까지 사랑하시고, 그 사랑으로 우리에게 영생을 허락하셨는데, 그 어마어마한 사랑을 받은 자들로서 할례를 받고 그 자부심과 자존심으로 담대하게 세상을 향하여 나아가야 하는 것 아닙니까? 우리는 그 자존심을 가지고 삶을 살아내며 하나님으로만 만족하며 살아야 합니다. 그 만족이야말로 진짜 기쁨과 행복과 만족인 것입니다. 성도는 그 하늘의 것으로만 즐기며 행복을 누리는 자들인 것입니다.

개보다도 못한…

우리가 삶을 살면서 인간답지 못한 사람들에게 "개보다도 못한 인간"이라는 말을 하곤 합니다. 그런데 그 말이 맞는 말이 되어 버렸습니다. 개가 사람보다 낫다는 이야기입니다. 이 뜻은 애견가들이 이구동성으로 하는 말 때문인 듯합니다. 그 말인즉 "개는 배신을 안 한다."는 것입니다.

어떤 지인 목사님과 이야기를 나누는 중에 그 목사님께서 이런 이야기를 했습니다. 어떤 교회에 개집사라는 별명을 가진 집사가 있었다고 합니다. 왜 개집사인가 하면 교회 모임이나 행사 때마다 개를 잡아 보신탕을 해 먹는 일을 했기 때문이라고 합니다. 여느 때와 다름없이 어느 주일에 모임이 있었는데 개집사가 개를 잡기로 하고 교회 뒷산에 가서 자신이 기른 개를 매달고 불로 털을 태우던 중에 구사일생으로 개가 도망을 쳤다고 합니다. 개집사는 하는 수 없이 그 주일에는 개 먹는 것을 포기하고 하산하여 자신의 차를 타기 위해 주차장에 갔는데 털이 검게 그을린 개 한 마리가 꼬리를 흔들며 기다리고 있더라는 것입니다. 그 개가 바로 자신이 잡아먹으려던 개였던 것입니다. 이후에 개 집사는 절대 개를 먹지 않았다고 합니다.

최근 우리나라에 개나 고양이와 반려인으로 살아가는 사람들이 1,500만이라고 하고 통계로는 3가구 중 1가구는 반려동물을 키우고 있다고 합니다. 이러한 반려인구는 계속해서 늘어나는 추세에 있는데, 우리들의 주변만 보아도 일상의 풍경 속에 이미 반려동물이 많이 들어와 있습니다. 정말 가까이 있다는 것을 느끼지 않습니까? 요즘 공원에서 산책하는 반려동물과 주인들을 쉽게 보고, TV는 물론이고 유튜브나 인스타그램에도 반려동물들이 출연

하는 풍경들로 인하여 보통사람들의 삶까지 바꾸어 놓고 말았습니다. 우리의 일상이 반려동물과 함께 하는 모습이거니와 가족이자 친구로 일상을 나누며 함께 살고 있음을 느낍니다.

그러나 우려도 됩니다. 맹목적 사랑으로 동물들을 입양하여 학대나 속박을 하는 모습을 메스컴을 통해 쉽게 보고 있으니 말입니다. 동물에 대한 진정한 이해는 하지 않고 그냥 상술에 편승하여 동물을 키우고자 하는 사람들이 많이 있습니다. 충동적으로 반려동물을 입양해서 키우다가 귀찮다고 유기하는 일이 비일비재하고 폭력을 행사하는 일 또한 쉽게 볼 수 있지 않습니까? 암튼 우리는 반려동물에 대한 이해 정도는 하고, 개와 고양이들과 반려인으로 살아가야하지 않을까 하는 생각을 해봅니다.

호불호는 있지만, 반려동물로 인기가 좋은 것이 반려견(개) 아닙니까? 최근 개를 반려견이라고 하여 많은 사람들이 키우며 정답게 살고 있는 모습을 봅니다. 그러다 보니 교회를 담임하고 있는 목사님들께서 교인들이 키우는 개 이름을 외워 덕담을 해야 하는 웃지 못할 상황이 벌어졌습니다. 이제는 헤리 아이언 사이드 목사님께서 말씀하셨던 개에게 세례를 주고 개가 죽으면 개 장례식에 가서 예배를 드려야 하는 상황까지 올 것 같은 느낌입니다.

목사님들이 모이는 모임에 갔었는데 달마시안이라는 애완견을 키우는 분이 계셨습니다. 그분이 자신의 반려견에 관하여 거품을 물고 칭찬을 하는데, 그분의 말에 의하면 자신이 키우는 달마시안이 얼마나 충성스러운지 주인만을 우러러보며 항상 주인 중심으로 살고 있는 모습을 말해 주었습니다. 주인이 들어오면 주인만 바라보고, 주인이 들어가면 주인이 들어간 그 문만을 바라보고, 주인이 밖에 나가면 주인이 나간 쪽만 쳐다보며 절대로 눈을 다른 곳에 두지 않는다고 합니다. 그리고 주인과 함께 산책하러 나가면 주변에서 간식을 주거나 다른 종의 개가 와서 놀고 있는 상황 등의 어떤 유혹에도 주인만 바라보고 주인의 말만 따른다고 합니다. 저는 그 말을 듣고 진짜냐고 되물어 보았습니다만 그분은 그렇다고 자신 있다고 대답했습니다. 방문하시면 알게 될 거라고 했습니다. 모임이 끝날 때까지 얼마나 자랑을 하던지 그 목사님은 개가 사람보다 낫다고 하면서 입이 마르도록 그 반려견 이야기를 하였고, 저는 그분의 이야기를 들었습니다.

그런데 그분의 이야기를 들으면서 이사야 말씀이 생각이 났습니다. 성도라는 사람들이 은혜로 받은 구원을 너무나 싸구려 취급하며 하나님 앞에서 행하여 완전하기를 갈망하지 않는 다는 것입니다.

사 1:3
3. 소는 그 임자를 알고 나귀는 그 주인의 구유를 알건마는 이스라엘은 알지 못하고 나의 백성은 깨닫지 못하는도다 하셨도다

제임스 보이스 목사님의 책에 보면 헤리 아이언사이드 목사님의 일화가 나와 있습니다. "우리들이 일상을 지내다 보면 주변 사람의 마음속에 있는 더러운 것들을 발견할 때 '개만도 못한 놈, 짐승만도 못한 놈'이라는 욕을 하는데 그것은 짐승을 모독하는 행위입니다."라고 했습니다.

하나님은 하나님을 알지 못하고 그분 앞에서 행하지 못하는 자들을 개만도 못하게 여기고 있다는 것입니다. 그러니까 인간을 그렇게 비교하는 것은 짐승을 모독하는 행위라고 한 것입니다. 앞에서 그 개 주인의 이야기를 듣고 그대로 옮겼는데 어떻습니까? 개와 구원받은 자들의 행위 말입니다. 너무 지나치다고 할지 모르지만 사실 그 충성도를 보시면 어떻습니까? 사 1:3절 말씀이 정확합니다.

롬 3:10-12

10. 기록된 바 의인은 없나니 하나도 없으며 11. 깨닫는 자도 없고 하나님을 찾는 자도 없고 12. 다 치우쳐 함께 무익하게 되고 선을 행하는 자는 없나니 하나도 없도다

여러분 이 세상에서 의인을 보셨습니까? 공자, 석가, 마호메트, 그들 모두가 인간이었음을 아셔야 합니다. 의인은 하나도 없습니다. 여기에 보면 '치우쳐'라고 합니다. 이는 "길을 벗어나다."입니다. 이 세상에 숨을 쉬고 사는 모든 인간들은 하나님의 복을 상실했습니다. 복을 상실했다는 것은 길을 벗어난 상태인 것입니다. 70인 역에 보면 이

단어가 139회나 나오는 것을 볼 수 있습니다. 모든 인간들은 길을 벗어나 길을 잃어버렸기 때문에 하나님께 돌아온다는 것은 말도 안 됩니다. 절대로 스스로 하나님께 돌아올 수가 없습니다. 이러한 제 멋대로 놀아나는 상황을 이사야서에서 말씀합니다.

사 53:6
6. 우리는 다 양 같아서 그릇 행하여 각기 제 길로 갔거늘 여호와께서는 우리 모두의 죄악을 그에게 담당시키셨도다

인간들은 시작부터 공허했습니다. 그 공허를 채우기 위하여 수많은 노력을 하였지만 그 무엇으로도 채울 수가 없었습니다. 철학(哲學)을 하고 도(道)를 찾아도 해결되지 않았습니다. 이 도(道)라는 것이 이성의 한계를 넘어서 있었기에 찾을 수 없었던 것입니다. 칸트는 "인간의 이성은 이성으로 인식할 수 있는 영역 밖의 것을 감지할 수 없다."고 그의 논문 "순수이성 비판"에서 비판했습니다. 그러한 철학자의 충고도 무시하고 신을 찾는 연습을 꾸준히 하며 부단한 노력을 통해 지금까지 왔고 지금도 찾고

있는 것입니다. 그렇지만 그것을 찾는 것이 가능할까요?

요 14:6
6. 예수께서 이르시되 내가 곧 길이요 진리요 생명이니 나로 말미암지 않고는 아버지께로 올 자가 없느니라

오직 예수 그리스도밖에 길은 없는 것입니다. 그분 안에 생명이 있고, 그분 안에 영생이 있는 것입니다. 생명은 오직 예수입니다. 그것을 진짜 복이라고 하는 것입니다.

언약의 목적지

창 17:14

14. 할례를 받지 아니한 남자 곧 그 포피를 베지 아니한 자는 백성 중에서 끊어지리니 그가 내 언약을 배반하였음이니라

하나님께서 하나님과 언약을 하지 않은 자들은 하나님의 백성 중에서 끊어지리라고 하십니다. 이 세상에서 거들먹거리는 훌륭한 인간이 되었을지라도 하나님의 언약 밖에 있는 자, 즉 할례를 받지 않은 자는 끊어지는 것입니다. 성도들은 할례를 통하여 거룩해지는 것입니다. 우리의 목표지점은 할례를 통한 거룩인 것입니다. 하나님은

거룩하라고 하십니다.

레11:45

45. 나는 너희의 하나님이 되려고 너희를 애굽 땅에서 인도하여 낸 여호와라 내가 거룩하니 너희도 거룩할지어다

하나님께서 이렇게 거룩하라고 하십니다. 그렇게 하라면 그렇게 하는 것입니다. 자신만을 사랑하는 자가 아닌 하나님을 사랑하고 이웃을 내 몸같이 사랑하는 거룩한 자로 지어져 가는 것이 우리의 목표가 되어야 하는 것입니다. 하나님께서 언약을 하신 목적이 바로 거룩이기 때문에 성도의 목적지는 바로 그곳이어야 합니다. 예수 그리스도와 연합되었다는 것은 거룩하다는 것입니다. 우리는 예수 그리스도 안에 있습니다. 그렇기 때문에 우리의 삶 속에서 예수 그리스도 뒤로 숨으면 그만인 것입니다. 그러면 거룩입니다. 영원히 사는 영생인 것입니다.

창 17:8

8. 내가 너와 네 후손에게 네가 거류하는 이 땅 곧 가나안 온 땅을 주

어 영원한 기업이 되게 하고 나는 그들의 하나님이 되리라

  하나님께서 우리와 언약하신 목적은 바로 거룩인 것입니다. 성도가 하나님의 아들이 되고 하나님께서 우리의 아버지가 되는 것 말입니다. 그것이 안식입니다. 영원한 안식이고 언약의 성취인 것입니다.

  계 21:6-8
  6. 또 내게 말씀하시되 이루었도다 나는 알파와 오메가요 처음과 마지막이라 내가 생명수 샘물을 목마른 자에게 값없이 주리니 7. 이기는 자는 이것들을 상속으로 받으리라 나는 그의 하나님이 되고 그는 내 아들이 되리라 8. 그러나 두려워하는 자들과 믿지 아니하는 자들과 흉악한 자들과 살인자들과 음행하는 자들과 점술가들과 우상 숭배자들과 거짓말하는 모든 자들은 불과 유황으로 타는 못에 던져지리니 이것이 둘째 사망이라

  하나님께서 우리와 언약하신 언약의 목적지가 바로 이곳(계 21:6-8)입니다. 우리 성도라는 사람들은 그 목적지를 향하여 나아가는 삶을 살아야 합니다. 그 삶이 바로

'하나님 앞에서 행하여' 인 것입니다. 그것이 "엘샤다이 코람데오"입니다. 자기부인을 하여 약한 자로 낮아져서 하나님께서 그분의 은혜로 자신을 만들어가실 수 있도록 내어놓아야 하는 것입니다.

하나님은 언약의 실체로 예수 그리스도를 보내주셔서 십자가에서 구원을 완성하셨습니다. 우리는 이미 구원받은 것입니다. 이것은 확정적인 것입니다. 그런데 성도들이 이 구원에 관하여 감격하지 않는 모습을 보면 참으로 안타깝습니다. 구원이 중요한 것이 아니고 교회에서의 종교 행위나 봉사, 그리고 자신의 행위를 중요하게 여기며 하나님을 믿는다고 하는 모습입니다. 이것은 아닙니다.

하나님은 언약하시고, 우리에게 그 언약의 자리로 나아가자고 말씀하시며 촉구하십니다. 그러나 우리는 우리 눈에 보이는 것을 좇아갑니다. 그렇지 않습니다. 우리는 앞에서 말씀드린 그 강아지 반려견 "달마시안"처럼 오직 목표는 주님이어야 하는 것입니다. 만약에 그 달마시안이 그렇게 주인을 사모하지 않는다면 주인은 분명 그 개를 반려견으로 삼지 않을 것입니다.

하나님은 우리와 함께 가자고 하시면서 뒤에서 우리를 밀어주십니다. 그러한 그분의 마음을 알아 성도는 하나님 앞에서 행하여 완전하게 되는 자리로 나아가야 합니다. 인간은 그러한 하나님의 사랑과 은혜에도 자신의 존재확장과 욕심을 따라 자신이 원하고 보이는 것들을 따라가는 모습을 보인다는 것입니다. 이것이 죄인의 현실입니다.

창세전에 택한 하나님의 백성들은 우리와 언약하신 하나님 아버지가 원하는 곳으로 가기를 갈망합니다. 그곳은 순종과 거룩과 사랑의 자리입니다. 그런데 그러한 순종의 자리가 참으로 힘이 듭니다. 거룩은 어떻고 사랑은 어떻습니까? 어렵습니다. 하지만 하나님께서 원하시는 자리이고 그분이 뒤에서 재촉하시면서 밀어주시기에 우리는 그리로 가게 되어있습니다. 한번 구원받은 하나님의 백성은 절대로 탈락하지 않습니다. 그것이 성도의 견인, perseverance of the saints입니다. 우리는 그것을 알기에 오늘도 어렵고 힘들지만, 완성의 자리로 나아가기 위해 그 자리로 나아가는 것입니다.

우리 성도들의 목적지는 언약의 완성인 하나님의 나라입니다. 그 나라에서 사는 자들은 자기부인 되어 하나님 앞에 서는 자들인 것입니다. 하나님은 우리를 그리로 반드시 끌고 가서 완성시키십니다. 은혜로 말입니다. 성도는 예수 그리스도 안에 있는 자들입니다. 그렇기 때문에 그분의 뜻과 그분께서 원하시는 일만 하게 되어 있는 것입니다. 그런데 성도라는 사람들이 자신의 뜻과 자신의 욕심과 자신의 야망을 가지고 "하나님은 잠깐만 계세요 나도 뜻이 있는 사람입니다."라고 한다면 그는 분명 창세 전에 택한 하나님의 백성이 아니든지 가짜라는 말이 되는 것입니다.

성도는 자신의 뜻과 욕심, 그리고 야망을 하나님께 기각당하고 하나님의 뜻에 온전히 끌려가며 하나님의 마음을 알고 그분의 뜻을 물으며 나아가는 것입니다. 그것이 바로 하나님께서 끌고 가시는 모습인 것입니다.

우리가 아버지로 모시고 있는 하나님은 위대하시며 전능하신 능력의 하나님이십니다. 오늘도 그분은 말씀하십니다.

창 17:1

1. 아브람이 구십구 세 때에 여호와께서 아브람에게 나타나서 그에게 이르시되 나는 전능한 하나님이라 너는 내 앞에서 행하여 완전하라

하나님은 우리를 지키시고 완성시키실 것입니다. 그렇기에 반려견 "달마시안"처럼 주인이신 하나님만 바라보아 개보다도 못한 인간이라는 말이 무색해지도록 해야 하는 것입니다. 우리는 그곳만 똑바로 바라보아야 합니다. 그리고 자신이 가지고 있던 것들에 대하여 자기를 부인하며 하나님 아버지의 말씀에 순종하는 자로 서야만 하는 것입니다. 하나님께서 하라하시는 것을 하면 됩니다. 그것이 "엘샤다이 코람데오"입니다.

빌 4:13

13. 내게 능력 주시는 자 안에서 내가 모든 것을 할 수 있느니라